NOUVELLE LETTRE DE JUNIUS

À SON AMI A—— D——.

*

IMPRIMERIE D'EUGÈNE RASCOL, 4, BRYDGES STREET, COVENT GARDEN, LONDRES.

NOUVELLE

LETTRE DE JUNIUS

A SON AMI A—— D——

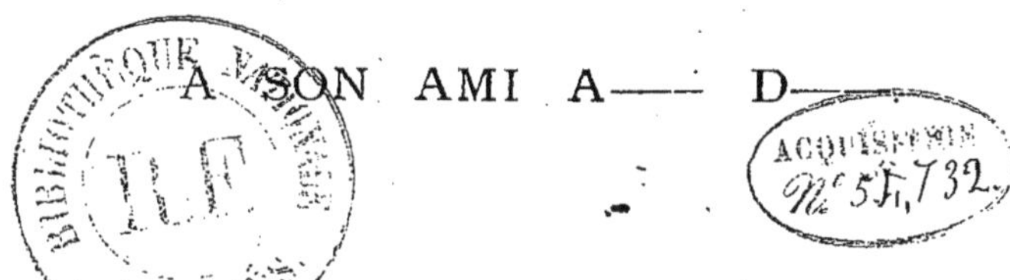

RÉVÉLATIONS CURIEUSES ET POSITIVES

SUR LES PRINCIPAUX PERSONNAGES

DE LA GUERRE ACTUELLE.

LONDRES: EUGÈNE RASCOL,

4, BRYDGES STREET, COVENT GARDEN.

PRÉFACE.

Publiez ma lettre, Cher Ami, puisque vous la trouvez intéressante et que vous croyez qu'elle peut intéresser d'autres que vous ; seulement ne la signez pas de mon nom. Je ne suis pas connu, et ne tiens pas à l'être. Ce n'est pas dans le moment où tant de nos compatriotes meurent héroïques et obscurs qu'il faut chercher la gloire littéraire. Être bon à quelque chose, voilà l'important. Si cette lettre atteint le but, elle aura fait ce qu'elle a à faire et peu importe qu'elle soit de celui-ci ou de celui-là. Cependant, comme il faut toujours une signature, signez :

JUNIUS.

C'est un pseudonyme qui vaut mieux qu'un nom, surtout en Angleterre.

Tout à vous,

J. R.

23 *Janvier* 1871.

NOUVELLE LETTRE DE JUNIUS

A SON AMI A— D—.

Mon Cher Ami,

Mon procédé est bien simple ; quand j'entends parler d'un grand homme je me procure son portrait—sa photographie. J'analyse ses lignes, et je sais presque toujours, au bout de très-peu de temps, s'il est au-dessus ou au-dessous de ce qu'on dit de lui, ce que les événements auxquels il est mêlé ont de concordant avec son être physiologique, si sa destinée est de les dominer ou de les subir ; à quel héros de l'antiquité, à quel dieu de la fable, à quel animal il correspond ; j'établis les rapports, les influences, ne faisant fi de rien, ni de ce que la science pure démontre, ni de ce que l'observation spéculative propose. Tout m'est bon—l'anatomie et la Kabbale ; Lavater et Bichat ; Cuvier et Paracelse. Il est évident pour vous comme pour moi, que les lignes, les plans, les formes du visage et du corps humain servent non-seulement à distinguer physiquement les races, les types et les individus entre eux, mais aussi à les déterminer dans l'ordre moral ; ce n'est pas impunément qu'on a le teint brun, blanc, rose, ou jaune, les cheveux blancs et plats de l'albinos, ou les cheveux noirs et crépus du nègre, les mains courtes ou longues, minces ou grasses, molles ou dures. Bref, vous êtes bien convaincu comme moi qu'on ne saurait être César avec le masque de Grassot, ni Raphaël avec la face de Marat.

Tout se tient et s'enchevêtre dans la nature, dans la physiologie, plus peut-être que dans aucun autre réseau. Celle-ci ne semble compliquée que parce qu'elle est complète. Moi, je la crois très-simple. A mon avis, il y a trois ou quatre moules dans lesquels la nature jette les hommes. La plupart prennent la forme précise du moule : c'est l'homme—l'homme ordinaire avec quoi on fait le troupeau ; quelques-uns chez qui la nature a été plus prodigue de matière font prêter le moule, le font craquer quelquefois : c'est l'homme supérieur, avec quoi on fait les bergers. Les uns et les autres, l'observateur les reconnaît, et les classe selon certains signes auxquels ils ne peuvent se soustraire, et qu'ils ne peuvent dissimuler. L'homme qui possède certains de ces signes, fût-il au dernier échelon de la société, montera au sommet. La grande fatalité, c'est-à-dire l'utilité dont il doit être dans le mouvement humain l'a marqué au front ; le *Tu Marcellus eris* flamboie au-dessus de sa tête. C'est le gardien de pourceaux qui sera Sixte-Quint, c'est le lieutenant d'artillerie qui sera Napoléon.

Ceci admis, et connu de tout le monde je crois, passons à notre sujet.

Vous me demandez ce que je pense des grands événements qui s'accomplissent, des hommes qui en sont les instruments ou les moteurs, et du dénouement que le tout doit avoir. Je vais vous le dire.

Quand du fond de ma retraite, j'ai entendu la Prusse et la France se quereller et se déclarer la guerre, j'ai acheté les photographies de M. de Bismark, du roi

Guillaume, du Prince-Royal, du prince Frédéric-Charles, et de la reine Augusta. Il ne faut jamais, dans l'étude de l'homme, oublier celle de la femme qui lui est associée, surtout quand l'homme est d'une valeur douteuse. Je n'ai pas cru devoir me procurer celle de Mme. de Bismark. Mme. de Bismark n'a, et ne peut avoir, aucune action sur l'homme dont elle porte le nom, et dont elle a des enfants.

Faites ce que j'ai fait, achetez ces photographies, ainsi que celle de l'empereur Napoléon, regardez-les bien, et suivez-moi.

Il n'est pas d'observateur, si novice qu'il puisse être qui ne soit frappé du caractère particulier des traits de M. de Bismark, et quand bien même le nom du grand chancelier ne serait pas dessous, l'observateur s'arrêterait devant son image, s'il la rencontrait par hazard, et s'écrierait : "Oh, oh ! voilà un homme !"

Quand on est l'adversaire politique d'un homme comme celui-là, il faut ou l'assassiner, ou le corrompre, ou le convaincre.

Des trois moyens le plus facile serait l'assassinat, mais ce serait en même temps le plus bête ; on l'immortaliserait du coup. Et puis il faut toujours laisser vivre un grand homme politique. Comme il n'a pas de pire ennemi que lui-même, il y a mille à parier contre un qu'il nous vengera de lui mieux que nous ne le ferions. Laissons donc vivre M de Bismark.

Le corrompre ? Il n'y faut pas songer ! Seuls les hommes de second ordre sont corruptibles. M. de Bismark (je suppose toujours que vous avez son image sous les yeux) n'a même pas d'ambition. Sa célébrité l'ennuie plus souvent qu'on ne croit. Il n'a voulu être un homme supérieur que pour se consoler de n'avoir pu être un homme heureux, car il a dû se demander bien souvent à son réveil (quand il avait dormi) pourquoi il ne se brûlait pas la cervelle. Il a une grande volonté devant les hommes, mais il ne vous raconte pas toutes ses défaillances dans la solitude, et combien de fois il s'est dit : " A quoi bon ? " Surtout quand il voyait ses forces physiques lui refuser ce qu'il leur demandait— humiliation qu'il a dû subir ou prévoir plus d'une fois en face de circonstances dont nous n'avons pas à nous occuper ici, malgré l'influence indirecte qu'elles ont pu avoir sur ses déterminations les plus graves et d'un ordre tout différent.

Il n'y a donc ni nécessité de tuer M. de Bismark ni possibilité de le corrompre. Il reste la ressource de le convaincre. De quoi ? De l'intérêt qu'il a autant et plus qu'elle-même peut-être à faire la paix avec la France, avant de commencer le siége de Paris,* quels qu'en doivent être les résultats. Qui vous dit qu'il n'en est pas convaincu ? S'il ne fait pas la paix, ce n'est point qu'il ne veut pas, c'est qu'il *ne peut pas* la faire.

M. de Bismark, de premier ordre comme valeur personnelle, n'est que de second degré comme situation et comme pouvoir. Devant lui il y a le Roi qui n'a que des instincts auxquels son ministre est forcé souvent de subordonner ses idées. C'est par les instincts du roi Guillaume que M. de Bismark s'est emparé de lui. Tant qu'il est conforme et utile à sa politique de les flatter, les choses vont toutes seules ; mais quand il faut les

* On devine que cette étude a été commencée avant l'investissement de Paris.

combattre et les supprimer, c'est une autre affaire, et il y a de grandes luttes. Regardez en passant la tête du Roi, et vous comprendrez que la discussion avec lui n'est pas toujours facile, la persuasion encore moins. Il y a là un orgueil immense qui n'existe pas chez M. de Bismark.

On reconnaît les hommes d'élite à l'absence complète de l'orgueil. Ils écoutent tout ce qu'on leur dit; quand ils y sentent une valeur ils en prennent tout ce qu'il y a de bon, et si on leur présente un argument sérieux, ils s'y rendent et changent immédiatement leurs plans, sans effort et sans malaise. Donc, en admettant qu'il n'entre pas dans les idées de M. de Bismark de faire la paix, à cette heure, il la ferait si vous lui donniez une bonne raison ; malheureusement, il n'est plus le maître de la situation. Le Roi et les hommes de guerre commencent à le déborder et à lui gâter son œuvre.

Il n'y a donc pas plus à essayer de le convaincre, qu'à essayer de le corrompre ou de le tuer. Qu'est-ce qu'il y a à faire alors? Il y a à l'étudier et à le connaître, d'abord parce qu'on gagne toujours à étudier et à connaître les hommes de cette importance et puis parce que c'est le seul moyen de le combattre, ou de l'utiliser dans *l'avenir*.

M. de Bismark a-t-il un très-grand amour de la patrie et un très-ardent désir de la grandeur de la Prusse? Oui, et non. Oui, comme moyen et comme résultat; non, comme principe. Ces hommes-là n'ont pas de patrie dans le sens topographique du mot. Le pays où ils sont nés n'est que l'endroit tout trouvé où ils doivent faire de grandes choses, et qu'ils éprouvent le besoin d'élargir à leur taille. Ils font craquer les frontières de leur pays comme ils font craquer les parois du moule; mais appartenant au groupe des hommes de génie ils forment une famille à part. Leur véritable patrie n'est pas de ce monde; elle s'appelle, l'Action.

De plus, M. de Bismark est joueur—excessivement joueur; s'il eût été un homme ordinaire, il eût passé ses nuits dans les tripots. Il n'a peut-être jamais touché une carte. Il a mieux que cela. Il joue sur les caractères, sur les passions, sur les hommes, et sur les empires. Jeu royal, et l'on comprend que, l'on y prenne goût. Il fait à ce qu'on appelle le hazard les concessions auxquelles a droit l'inconnu qui fonctionne sous cette appellation. Seulement, il est comme Henri IV, il ne recule pas, pour gagner, devant l'idée de tricher un peu. Son plus grand plaisir n'est pas de dépouiller son partenaire, c'est de le voir perdre, et il le plaisante tout le temps que dure la partie. Il a plus de circonspection que de prévoyance, c'est-à-dire que du premier coup-d'œil, n'importe dans quel lieu ou dans quelle situation il se trouve, il voit tout ce qui l'entoure, le plus petit objet ou la plus petite conséquence, mais il ne se donne pas, comme on le croit, une peine infinie, pour prévoir et pour préparer les événements. Il les pressent plutôt et les attend, sûr, d'après certaines déductions, qu'ils viendront fatalement se placer devant lui par le côté qu'il devra saisir. Il connaît leur enchaînement et leur logique, et comme il voit naturellement de loin, il a de la patience. C'est un chasseur au rabat, qui ne tire jamais hors de portée. Quand il a vu poindre l'incident

Hohenzollern, qu'il avait fait lever du gîte, il savait d'avance où les chiens le mèneraient, et il a dû bien rire quand il a entendu donner de la voix du côté de l'Ouest.

Ce n'est pas ce qu'on peut appeler un homme de science, mais c'est un homme d'assimilation prompte, et sa mémoire qui est très-grande, rejette ce qu'elle a pris en trop ou ce dont elle n'a plus besoin. Ceux qui devinent n'ont pas besoin d'apprendre. Quand on se sert du présent pour fonder l'avenir, on ne prend du passé que juste ce qu'il en faut pour éviter les redites.

Maintenant M. de Bismark a-t-il eu, dès le principe, la notion des qualités qui font de lui l'homme le plus important du moment? Non. Il sentait remuer quelque chose en lui; mais il ne savait si ce serait mâle ou femelle, et il a dû dépendre de bien peu qu'il ne fût pas l'homme considérable qu'il est devenu.

En vérité, plus j'observe ce visage, plus j'y découvre un mélange bizarre: l'idéal le plus élevé, le plus pur, et des manifestations des plus grossières. Cet homme est, ce qu'en Kabbale, nous appelons un damné. Il se débat dans les contradictions les plus étranges. Il a au fond le culte exalté, presque virginal, du beau, du bon, du juste; il a la douceur, la bienveillance, la vénération, et (qui le croirait chez nous) la bonne foi. Il ne trompe qu'à son corps défendant, excepté ceux qui veulent être plus rusés que lui. Avec tout homme qu'il reconnaît sincère, il est, ou tâche d'être, d'une sincérité irréprochable, à moins que cet homme ne soit un imbécile—auquel cas il s'en amuse et s'en sert jusqu'à ce que le dit imbécile ne soit plus bon à rien. Ce moment venu, il le rejette comme une loque, en quoi il a raison. Les imbéciles ne sont pas faits pour autre chose, en politique surtout, car c'est là qu'ils sont le plus dangereux. Leur bêtise compromet des millions d'existences. Nous le voyons du reste à cette heure.

M. de Bismark a dû être vicieux, dans le sens élégant que nous prêtons au mot; aucune des passions humaines ne lui a été étrangère. Il a dû être libertin, avec rage, avec colère, avec désespoir, comme pour se venger de l'idéal qu'il n'a pu réaliser, ni en amitié, ni en amour. Car il croit à l'amitié. L'amitié serait son grand repos, sa grande joie, sa grande réparation. On peut être un ami dans sa situation, il est moins facile d'en avoir un. Cependant en Allemagne, ça se trouve encore. Quant aux femmes, il ne les méprise que parce qu'elles ne sont pas ce qu'il voudrait qu'elles fussent, mais il ne les méprise pas autant qu'il voudrait le faire croire. Il a cherché, comme tous les hommes supérieurs, son équivalent dans l'autre sexe, et il ne l'a pas plus trouvé que les autres hommes supérieurs. Les qualités par lesquelles les femmes sont nos égales, quand nous sommes des hommes exceptionnels, sont justement celles qui les séparent de nous et dont nous ne savons que faire. Toute sa vie, M. de Bismark a dû rêver une certaine femme, faut-il dire le mot, une certaine vierge, car il a l'adoration intérieure de tout ce qui est intact et immaculé, et la jeune fille l'a troublé longtemps. S'il avait rencontré la vierge qu'il rêvait, il se serait soucié de la politique, de l'ambition, des hommes et des rois comme de toutes les autres femmes qu'il a eues à sa discrétion. Il le croit du moins et c'est ce qui lui donne ce regard à la fois méprisant et triste. C'est bien le Satan qui a commencé par être le plus beau des anges. Quelle joie il eût éprouvée à adorer cette créature qui n'a vécu que dans son imagination; quelle volupté presque mystique il eût goûtée à caresser des noms les plus tendres et les plus respectueux une seule et unique femme, lui qui a dû jeter à la tête de tant de femmes, tout haut ou tout bas, alors qu'elles le croyaient le plus à elles, les épithètes les plus grossières ; car, chose remarquable, le mot grossier, le mot technique d'en bas lui vient toujours aux lèvres en face de l'individu qu'il méprise, et si celui-ci s'en va sans l'avoir entendu, le mot n'en a pas moins été dit.

Il faut lui rendre cette justice, que n'étant pas arrivé à réaliser son idéal feminin, il a fait tout ce qu'il a pu pour le tuer en lui. Je doute qu'il n'y soit arrivé. Quand on en a été une fois troublé on ne peut pas plus le tuer que le saisir. Bref, ce qui dominait primitivement en cet homme singulier, c'était le besoin d'aimer et d'être aimé. Il ne s'est mis à jouer de l'homme que parce qu'il n'a pas pu s'emparer de la femme.

Ceci posé, passons à ses relations avec les hommes.

J'entends souvent, depuis quelque temps surtout, accuser M. de Bismark de duplicité. C'est une accusation qui ne manque pas de candeur. Le premier droit, je dirais presque le premier devoir, d'un diplomate, c'est la duplicité ; et la grande originalité de celui-ci est, au contraire, d'avoir introduit dans la politique une nouvelle manière de tromper les hommes : la franchise. M. de Bismark pensait souvent tout ce qu'il disait, seulement il ne disait pas toujours tout ce qu'il pensait. Ce qu'il voulait accomplir en Allemagne était tellement invraisemblable qu'il a compris tout de suite que le seul moyen qu'on ne le supposât pas et qu'on ne s'y opposât pas, était de l'annoncer à tout le monde. Il disait à qui voulait l'entendre : “ Nous ferons ceci ; nous ferons cela”—et il le faisait. A chaque expérience nouvelle, on restait convaincu que, son procédé étant connu, il n'allait plus s'en servir—et il s'en servait de nouveau. Aussi le seul homme qui ait embarrassé un moment M. de Bismark, c'est l'Empereur, parce que l'Empereur a été avec lui *sincèrement* franc. L'ambassadeur a hésité alors, ne pouvant pas croire au premier abord, qu'un souverain se découvrit aussi complétement. Il s'est demandé s'il n'avait pas affaire à plus fin que lui, si l'Empereur n'avait pas deviné son jeu et s'il ne le lui jouait pas, sans sourciller. Pas le moins du monde ; l'Empereur en cette circonstance, comme en beaucoup d'autres, était plus que franc, nous le répétons, il était sincère.

Louis Napoléon qu'on a cru, pendant vingt ans, le plus malin des hommes d'état, était un des hommes les plus naïfs qui aient jamais existé. Toute sa vie le prouve, depuis la tentative de Strasbourg jusqu'à la déclaration de guerre à la Prusse. Ses amitiés—ses amours surtout—dénotent une naïveté d'enfant. Sa seule malice—et encore lui venait-elle de son tempérament—était de ne rien dire, dans un pays où tout le monde parle. Naïf, il n'était pas seulement naïf, il était sentimental. Il n'a jamais pu se dégager complétement des romances maternelles, et ses velléités guerrières n'étaient que musicales. Ce n'est pas qu'il manquât de courage. Il opposait au danger plus que le courage, il lui opposait l'indifférence. Il n'y croyait pas. Il était convaincu qu'il avait une étoile, une destinée particulière, et qu'il ne mourrait pas sans l'avoir accomplie jusqu'au bout. Il ne se trompait pas, comme on a vu. Il avait horreur de verser le sang, malgré l'argument du 2 Décembre, qu'il aurait voulu absolument pacifique et qui ne pouvait pas l'être avec un peuple comme le nôtre. C'était un homme qui croyait vraiment que toutes choses pouvaient s'arranger à l'amiable, du moment qu'elles avaient passé par son esprit. C'est cette horreur du sang qui lui a fait faire la paix de Villafranca et la reddition de Sédan. Vous retrouverez le même procédé, le même quotient, dans la défaite que dans la victoire. C'est le même homme partout. Sédan n'est que Villafranca retourné.

On lui a prêté les combinaisons et les préméditations les plus machiavéliques. Autre erreur. Malheureusement, il ne prévoyait et ne combinait pas assez. Il n'avait de Machiavel, qu'il n'a peut-être jamais lu (les hommes comme lui ne peuvent pas lire, ils ne voient qu'en dedans, le dehors ne leur apprend rien, à moins que le dehors ne se traduise par des formes, des couleurs, une action excessive), il n'avait de Machiavel que le masque, et s'il était enveloppé de mutisme, c'est qu'en réalité il n'avait presque jamais rien à dire. Il tremblait toujours qu'on ne s'en aperçût dans ce pays où la parole a tant de charmes. C'était un Sphinx qui n'avait pas d'énigme ; aussi les gens qui le connaissaient bien faisaient-ils de lui tout ce qu'ils voulaient, à moins qu'il n'eût eu un pressentiment, une double vue, un songe ; auquel cas il ne démordait plus de son idée qu'il prenait pour une inspiration du ciel et qu'il ne communiquait à personne. Il l'emportait avec lui, la couvait, la développait, mystérieusement, dans l'ombre ; il la cachait dans tous les coins, venait la reprendre quand il était bien sûr de n'être pas vu, et à l'heure qu'il avait fixée (il choisissait de préférence un anniversaire) il la faisait éclater au grand étonnement de ses plus intimes et de ses plus proches. Fataliste au premier chef, il se croyait en commerce secret avec une puissance supérieure dont il relevait directement et n'admettait pas qu'il eût des comptes à rendre aux hommes de sa mission sur la terre. Il avait à accomplir cette mission, voilà tout. Venu trop tard ou trop tôt, il était non-seulement le souverain le plus incompatible avec le temps présent, mais le type le plus antipathique au caractère français, en vertu de cet axiome de chimie : " Les acides ne se mêlent " pas aux flegmes." Aussi, malgré les huit millions de voix du premier plébiscite et les sept millions de voix du second, n'y a-t-il jamais eu communion intime entre l'Empereur et le pays. Il y avait une sorte de convention entre eux contre *l'Alea*, contre l'Inconnu auxquels il avait promis de faire face ; mais on sentait un malaise, une défiance réciproque. C'était sa faute, disons-le. Chaque fois qu'il prononçait un discours, on y espérait le mot qui allait rompre la glace et l'on s'apprêtait à se jeter dans ses bras. Le mot ne sortait pas, et chacun rentrait chez soi, le souverain et la nation, sans s'être compris. C'était toujours remis à une autre fois. Il eût régné cent ans que ce mot attendu ne fût jamais sorti.

Cependant cet homme était bon, extrêmement bon. Il n'oubliait jamais ceux ou celles qui l'avaient aimé, si peu que ce fût. Il aimait son enfant, il aimait sa femme, il aimait ses amis, il aimait ses maîtresses, il aimait son chien, il aimait le premier venu qu'il rencontrait et qu'il pouvait secourir. Il s'attendrissait facilement, il pleurait pour un rien, il pardonnait avec une facilité extrême, mais malgré tout cela, il lui était, en raison de son type, impossible de se projeter aussi loin qu'il aurait fallu, quelques efforts qu'il eût faits pour cela. Il ne rayonnait pas, c'était un astre froid. Ce n'était pas de l'atmosphère qui l'enveloppait, c'était du brouillard, et les attractions franches devenaient impossibles avec lui.

Ce qui fait les véritables grands hommes, c'est la

faculté qu'ils ont dans le temps, comme Dieu l'a dans l'éternité, de se donner et de se reprendre, de se livrer toujours sans s'épuiser jamais, et par ce va et vient perpétuel d'éclairer, d'échauffer, et de féconder ce qu'ils touchent et ce qu'ils traversent. L'Empereur n'avait pas cette faculté. Aussi il n'a pas donné ce qu'on attendait de lui. Pas un de ceux qui auraient voulu voir le progrès de la France par le développement régulier et continu des institutions libérales qui ne se dît : " Qu'est-ce que l'Empereur attend donc pour être un " grand homme ?" Les circonstances, les intérêts, les esprits, tout était prêt pour sa gloire. Jamais souverain, et deux plébiscites sont là pour le prouver, n'a eu pareille occasion pour s'immortaliser. Il avait sur la France une lettre de crédit illimité. Il s'est défié des autres et de lui-même. Il n'a été qu'un homme de transaction. Il ne se répandait jamais, cela ne lui est arrivé qu'une fois—avec M. de Bismark. Il en est mort, politiquement. Homme de transition, chargé de faire passer la France d'un état à un autre, il aura été à la fois cette ombre douteuse et ce jour incertain qu'on appelle le crépuscule, durant lequel les objets prennent les formes les plus étranges et les plus opposées, selon qu'ils sont éclairés par les dernières étoiles de la nuit ou par les premières clartés de l'aube. Puis tout-à-coup le soleil éclate à l'horizon, fait évanouir toutes les vapeurs, disperse tous les fantômes. Napoléon III sera resté toute sa vie placé entre ce qui allait mourir et ce qui allait naître, ne voulant pas rétrograder dans la nuit, n'osant pas s'élancer dans le jour, enténébré par les théories du moyen-âge, dont il était la dernière incarnation, aveuglé par les rayons de l'avenir dont il n'a pas su être le premier metteur en œuvre, bien qu'il en eût de vagues prévisions. Il n'avait pas de foyer propre. C'est une de ces lueurs que la lumière éteint. Le jour venu, il n'y en a plus de traces dans le ciel.

Quand M. de Bismark est venu en France la première fois comme ambassadeur de Prusse, il ne pouvait encore juger l'Empereur que d'après ses actes dont l'audace et le succès avaient étonné et inquiété l'Europe. Il se disait donc : " Je vais trouver là un adversaire, ou " un allié digne de moi. Je vais entamer une lutte " intéressante avec cet homme, où nous allons faire de " grandes choses ensemble." Quand le diplomate, alors obscur ou tout au moins ignoré, s'est trouvé en présence de Napoléon III celui-ci ne s'est pas rendu compte tout de suite de sa valeur particulière, car l'Empereur n'était nullement observateur ; il jugeait des hommes en masse, et il était tout-à-fait incapable d'en discerner un dans la foule et de l'en extraire, si cet homme ne se manifestait pas violemment de lui-même. Comme tous les hommes qui se croient providentiels, Napoléon III était convaincu que tous les instruments étaient bons. Il ne leur demandait que d'être souples et maniables. Peu lui importait qu'ils fussent fragiles. Il aurait dû se donner la peine de les faire lui-même, dans un temps surtout où ils étaient incapables de se faire tout seuls. Les regards des Louis n'ont jamais enfanté de Corneille quoiqu'en ait dit Boileau, mais on peut leur demander, à ces regards, de voir Corneille quand il y est. Disons que Louis Napoléon a vu et essayé tout ce qui paraissait valable. On lui a reproché de n'avoir pas appelé à lui les capacités. C'est injuste ; il n'y avait pas de capacités, et la preuve, c'est que, lui disparu, et dans des circonstances qui ne peuvent être plus propices, et sur un plan absolument disponible, il ne s'en produit pas une, excepté Trochu. Et encore faut-il attendre la fin ? On me répondra que son système a tout éteint et tout corrompu pour longtemps ; ce n'est pas vrai, on n'éteint que ce qui ne peut pas brûler. C'est sous le système le plus corrupteur, c'est dans l'atmosphère la plus viciée que les encyclopédistes ont fait ce qu'ils avaient à faire. Les Louis XV n'éteignent pas plus les Voltaire que les Louis XIV ne font naître les Corneille, et que les Louis Napoléon n'empêchent les uns et les autres. L'Empereur a accueilli tout ce qui est venu à lui avec une apparence de loyauté et de valeur, depuis M. de Larochejaquelain jusqu'à M. Émile Ollivier, qui était, avec M. Rouher et M. Thiers, la seule valeur politique de la Chambre. Si M. Thiers avait voulu conseiller l'Empereur dans son cabinet au lieu de le conseiller du haut de la tribune, M. Thiers eût peut-être—eût certainement—sauvé la France. C'est un grand historien, un grand philosophe, un grand politique. Il est vrai qu'en sauvant ainsi la France, il eût affermi l'Empire, et ce n'était pas dans ses idées. Tant pis. Moi, je crois que les véritables hommes d'état ne sont pas ceux qui combattent le pouvoir, mais qui l'utilisent ; et qui s'en couvrent modestement pour accomplir les grandes choses qu'on ne leur permettrait pas d'accomplir en leur nom seul. Pour un véritable homme politique, un souverain n'est pas un homme, c'est un lieu. C'est le plan supérieur, convenu, qui domine les foules et d'où l'on peut faire entendre ce que l'on a à dire, et réaliser ce qu'on a à faire. Tant mieux pour l'homme de génie si ce plan est occupé par un homme médiocre. C'est pour les Richelieu que sont faits les Louis XIII. C'est pour les Pitt que sont fait les Georges III. Seulement il faut être un homme de génie ce qui n'est pas facile. Aussi trouve-t-on plus simple en France depuis quatre-vingts ans d'attaquer le pouvoir et de le renverser pour l'occuper entièrement et se substituer à lui. Nous avons renvoyé notre Georges III, où est notre Pitt ? Nous nous sommes délivrés de notre Louis XIII, où est notre Richelieu ? Et maintenant regardez cet homme au sourire railleur, à l'œil profond, qui malgré la conscience de sa force, à cause de cette conscience, n'a pas songé à renverser le pouvoir, mais qui s'en est abrité pour faire son œuvre, et qui vous répond impitoyablement, maintenant que son œuvre est faite : " Messieurs, où est le pouvoir avec lequel nous pouvons " traiter ?"

La première fois que l'Empereur a vu M. de Bismark (comment n'a-t-il pas senti, ce fataliste, que c'était, le Destin, *le Fatum*, l'Inévitable qui entrait chez lui ?) il l'a traité bien, certainement, comme il traitait tous les nouveaux ambassadeurs, avec une grâce presque féminine, mais il ne lui a dit naturellement que ce qu'il voulait lui dire. Pour M. de Bismark, qui est un observateur, lui, cette première entrevue n'a pas dû se passer de la même façon. Il a regardé, il a pressenti peut-être, mais il n'a pas voulu se fier à ce premier examen. Cependant il a dû rentrer chez lui, en se disant : " Tiens, on " dirait que cet homme n'a pas ce que l'on croit qu'il a et

“ ce qu'il croit lui-même avoir. Ce serait curieux, nous “ verrons.”

A l'entrevue suivante, l'ambassadeur a dû lancer deux ou trois mots destinés à faire dresser l'oreille à son illustre interlocuteur et celui-ci (le dehors se mettait en formes et en action) a dû le regarder d'une certaine manière, et se dire à son tour: “Tiens! Est-ce qu'il y “aurait quelque chose dans cet homme-là? Défions-“ nous.”

M. de Bismark voyant que l'Empereur rentrait en lui et ne présentait plus que ses surfaces, a joué son grand jeu, il s'est découvert subitement et il a parlé avec la plus entière franchise des intérêts de la Prusse, de ce qu'elle attendait de la France; et de ce que les deux pays pouvaient faire ensemble. L'Empereur, comprenant alors qu'il avait devant lui *quelqu'un*, a fait ce qu'il faisait toujours en pareil cas, il a abattu son jeu et a riposté par la même franchise. A partir de ce moment, la partie devenait intéressante, et c'est à partir de ce moment aussi qu'il a dû entrer dans l'esprit de M. de Bismark de jouer l'Empereur. Le Diable reprenait ses droits. Il faut dire aussi que c'était tentant. Duper le souverain qui passait en ce moment pour le premier homme d'état de l'Europe, abaisser la France qui tenait alors la tête des nations—c'était là un morceau de roi, et M. de Bismark s'y prit si bien que l'Empereur eut en lui une confiance absolue dont il n'a jamais voulu se départir, jusqu'à l'incident Hohenzollern, ce qui prouve cette naïveté dont je parlais plus haut. Pour M. de Bismark, habitué aux mots techniques—à partir du moment où l'Empereur avait confiance en lui, ministre de Prusse—l'Empereur n'était plus qu'un imbécile.

Ah! il ne faut pas se le dissimuler, il doit y avoir

de grandes émotions et de grandes joies dans ce jeu des empires, surtout quand on voit les principaux atouts vous arriver dans la main. Cependant M. de Bismark aurait mieux aimé ne pas faire la guerre. Il n'aime pas ce moyen-là, il le trouve bête, et quand ce moyen est devenu indispensable, il le redoute. Pour lui, la véritable stratégie est dans l'esprit et non dans un champ de betteraves. Il ne faut remettre la destinée des empires, surtout aujourd'hui, au cours d'un ruisseau ou à la position d'un colline, que lorsqu'on ne peut plus faire autrement. Et puis, il sait aussi bien que moi que les empires ne s'agrandissent jamais parce qu'ils prennent matériellement aux autres, mais parce qu'ils donnent d'eux-mêmes aux autres intellectuellement, moralement, politiquement. Que les plus grands savants, les plus grands écrivains, les plus grands artistes viennent se réfugier demain et se grouper à Bruxelles, la Belgique deviendra tout-à-coup le premier pays du monde. C'est d'elle que viendra la lumière et toute la politique de M. de Bismark et tous les canons de M. de Moltke ne pourront pas faire que cela ne soit pas ainsi.

M. de Bismark n'est cependant pas sensible comme l'Empereur. La vue du sang ne l'émeut pas ; mais elle le dégoûte. Il méprise les hommes de guerre (lesquels ont le soupçon de ce mépris et s'en vengent à cette heure en se substituant à lui dans la conclusion de la guerre) ; il méprise les hommes de guerre parce qu'ils font du bruit, et qu'il a le bruit en horreur ; il les méprise encore parce qu'ils ne savent pas ce qu'ils font, et tuent et se font tuer pour des choses qu'on ne leur explique même pas. C'est là leur héroïsme, et leur infériorité. Forcé jusqu'à nouvel ordre d'accepter et d'employer ce mécanisme traditionnel, M. de Bismark a du moins ajouté à la théorie tout un chapitre nouveau, et comme pour affirmer davantage son mépris, il a fait de l'espionnage une vertu militaire. Il doit avoir hâte que la guerre cesse, pour jouer avec des cartes neuves, et surtout avec des cartes propres; car il va falloir trouver une politique nouvelle. La lutte actuelle poussée à l'excès, contre le gré du ministre, n'aura pas seulement détruit un million d'hommes, elle aura détruit tout le vieux système politique. La diplomatie est morte, les alliances sont mortes, les traités sont morts, la parole d'honneur des rois est morte, et très-certainement la royauté est morte avec le reste.

Après avoir jugé l'Empereur, M. de Bismark s'est mis à étudier le peuple français et il s'est dit: "Voyons "un peu ce que c'est que ce peuple, qui s'intitule le plus "intelligent, le plus spirituel, le plus brave—en un mot le "premier peuple du monde, et qui s'est donné à cet homme "naïf." Quand vous nous avez eu bien regardés, Monsieur le Comte, on prétend que vous avez dit: "Peuple "léger." Ce n'était pas tout-à-fait le mot; c'était encore naïf, qu'il fallait dire. Peuple naïf en effet: c'est là notre danger et notre force. Nous croyons tout, nous admettons tout, mais aussi nous expérimentons tout, excepté ce qui a besoin d'un long examen. Nous avons, il est vrai, horreur de l'étude persévérante, des abstractions; et nous rions au nez des choses et des gens que nous ne comprenons pas tout de suite. Vous pouvez nous conquérir, vous pouvez nous démembrer, vous pouvez nous détruire, nous prendre nos forteresses et nos millions, vous ne nous ferez pas lire la philosophie de Hegel, pas plus que celle de Kant. Nous nous en tenons à Jésus et à Descartes, et le roi Guillaume nous imposerait, à l'heure où j'écris ces lignes, pour unique condition de paix, de lire jusqu'au bout un de vos philosophes que nous dirions : "Qu'on nous ramène aux remparts !" et nous y retournerions en riant. Tandis que les autres peuples, y compris les Allemands, cherchent à force d'études des moyens de civilisation, nous les trouvons sans les chercher, et nous les essayons tout de suite, au risque de nous blesser avec cette arme nouvelle que nous ne savons pas démonter. Nous sommes sans prévoyance, sans réflexion ; mais sans envie, sans défiance, sans haine. Nous croyons à la parole d'honneur même des femmes. Nous avons plus de vanité que d'orgueil, plus d'amour-propre que de vanité. Nous revenons très-facilement sur notre opinion, et il n'est même pas besoin pour cela que le raisonnement de notre adversaire soit convaincant ; il n'a besoin que d'être spirituel, ingénieux, fin, rapide surtout, car nous aimons l'esprit et la clarté avant tout, c'est ce qui fait que nous disons au milieu des épouvantables malheurs dont on a le droit de vous accuser : " Ce Bismark " est un fier homme;" comme vous vous êtes dit, vous, à mesure que vous nous avez mieux connus : " Quel malheur " que je ne sois pas le ministre de ce peuple-là ! quelles " grandes choses nous aurions faites ensemble !" En Prusse vous n'avez pu, en effet, que vous substituer à un roi ; en France, vous auriez incarné une nation, *et si vous nous en voulez de quelque chose, ce n'est pas de ce que nous sommes français, c'est de ce que vous ne l'êtes pas.*

Nous sommes bavards avec délices, indiscrets avec passion. Dire quelque chose nous paraît être le commencement du génie ; faire quelque chose ne vient qu'après. Nous vivons sur des phrases, qui parfois ne signifient rien du tout, mais dont le bruit et la résonnance nous plaisent et dont nous avons contracté l'habitude de bonne heure. L'homme qui a trouvé un mot dure longtemps en France, et le mot dure toujours. "Paris vaut "bien une messe," mot d'où sortira la révocation de l'édit de Nantes. "L'État c'est moi," mot d'où naîtra le despotisme du 17e siècle et l'immoralité du 18e. "Nous sommes ici par la volonté du peuple, nous n'en "sortirons que par la force des baïonnettes," d'où devait naître la Terreur. "Il n'y a qu'un Français de plus," d'où la Révolution de Juillet a jailli. "L'Empire c'est "la paix," qui nous a donné la guerre de Crimée, d'Italie, du Mexique, et, pour conclure, celle que nous avons. Dès que nous sommes couverts par un mot nous sommes tranquilles; aussi, étant le peuple le plus ignorant, sommes-nous le plus littéraire qui soit. Nous vivons de littérature, c'est-à-dire *de la représentation par des mots d'une réalité qui n'existe pas.* C'est ce qui nous a fait croire à la fin de juillet que nous étions déjà à Berlin parce que nous avions chanté la Marseillaise. Nous ne lisons pas, à moins que ce ne soit des fictions. Je ne dis pas que nous aimons à écouter, mais nous aimons à entendre parler, de n'importe quoi dont nous parlerons après. Aussi nous abondons en avocats, en auteurs dramatiques, en comédiens, en discoureurs parlementaires, en conférenciers, en journalistes, en histrions, en pitres de carrefour. Partout où il y a un homme qui parle chez nous, fût-ce un homme ivre, il y a un cercle de cinquante individus la bouche ouverte. Quel bavardage depuis le commencement de la guerre! Tout le monde était renseigné; tout le monde avait un plan; tout le monde avait une solution; tout le monde parlait enfin. Un mot nous abat, un mot nous transporte.

Voilà sur quoi vous avez jugé à première vue, et quand vous avez eu passé de l'autre côté des mots, vous avez dit : " Peuple léger." Si vous nous avez regardés plus attentivement, vous avez dû voir autre chose.

Nous avons des qualités de premier ordre et qui tiennent au fond même de notre race. N'oubliez pas qu'en grattant le Latin chez nous vous trouverez le Celte—le Celte qui le premier de tous les peuples a cru à l'immortalité de l'âme—le Celte qui méprisait tellement la mort qu'il combattait tout nu le Romain bardé de fer. Nous sommes prompts à la confiance, c'est un défaut dans la politique, soit, mais c'est une vertu dans les sociétés, et les politiques passent, et les sociétés restent. Rien de ce qui a été fondé par la ruse ou par la force n'a duré, ni religion, ni état, ni gouvernement. Nous sommes francs, extrêmement francs, on ne peut être à la fois bavard et dissimulé ; c'est-à-dire que nous sommes les sociables par excellence ; et voilà pourquoi les femmes de tous les pays nous préfèrent à tous les autres hommes, pour l'amour, pour ce qui le précède, pour ce qui l'accompagne, et même pour ce qui le suit. Aussi toutes les étrangères oisives viennent-elles se faire aimer par nous, car nous sommes peu voyageurs, et nous préférons notre ciel et notre sol à tout autre sol et à tout autre ciel. Nous sommes enthousiastes, généreux, et—je vais bien vous étonner—et moraux ! Le type de M. Prud'homme, type essentiellement Français, n'est que l'expression exagérée et comique de cette vertu, qui, ne l'oubliez pas, va nous sauver. A cette heure nous sommes affamés de morale, et nous allons donner au monde, dans cet ordre-là, un spectacle auquel il ne s'attend guère. Nous sommes religieux, très-religieux, nous sommes toujours prêts à manger du prêtre, et nous ne laissons jamais offenser Dieu, un Dieu que nous sentons et que nous nous gardons bien de vouloir expliquer. Avant un an nous aurons peut-être séparé l'Église de l'État, et nous irons plus que jamais à l'église parce que rien ne nous forcera plus d'y aller.

Si j'avais été Bazaine, j'aurais fait placer une image de la Vierge au milieu de mon armée, le 15 août—non parce que c'était la St. Napoléon, mais parce que c'était la Ste. Marie—et j'aurais livré bataille au Dieu que le roi Guillaume tire de temps en temps de sa poche, derrière lequel il parle comme un ventriloque, et qui n'est pas le Dieu des batailles, par la raison bien simple qu'il n'y a pas de Dieu des batailles. J'aurais dit à mes soldats : " Mes enfants, je mets la Vierge au milieu de vous. La " Vierge c'est la fille, c'est la fiancée, c'est la femme, " c'est la sœur, c'est la mère. Il y a là en face un Dieu " masqué qui veut la violer, défendez-la et gagnez-lui " une bataille pour sa fête." Et je vous aurais battus. Il y a, il y aura toujours dans le soldat français, du Frank, du Clovis, et du croisé de St. Louis.

Nous sommes enthousiastes, reconnaissants du bien, oublieux du mal. Vous voyez, nous ne nous rappelions pas le mal que vous nous avez fait en 1815. Nous avions mis ce souvenir en romans, en drames, en odes, en chansons, en pièces militaires : et notre haine une fois devenue de la littérature, nous n'avons plus pensé à vous haïr. Nous ne vous soupçonnions même pas de nous détester, et nous vous ouvrions toutes nos portes. Pendant ce temps-là vous qui étiez, depuis Jéna, élevés dans l'exécration du Français, et qui êtes aussi tenaces que nous sommes confiants, aussi fermés que nous sommes ouverts, vous preniez l'empreinte de toutes nos serrures et faisiez faire une double clef de toutes nos portes. Vous nous avez tendu un piége, nous y sommes tombés ; vous étiez prêts, nous ne l'étions pas, et quatre fois plus nombreux que nous, vous nous avez écrasés, sans que nous eussions rien prévu, rien combiné. Pas un plan dans nos cartons, pas un espion chez vous. Pas de politique, pas de rancune, pas de prévoyance, pas de ruse. Un ambassadeur qui écrit sous votre dictée, et qui vous laisse sa copie; un empereur qui fait un plébiscite et qui vous apprend par le vote de l'armée que notre armée est de trois cent mille hommes, éparpillés ça et là, quand la vôtre est de douze cent mille, massée sous votre main ; un ministre qui dit : "Nous sommes prêts," quand nous ne le sommes pas ; des gamins qui crient : " A Berlin!" sur les boulevards ; des comédiennes qui chantent la Marseillaise dans les théâtres ; des chroniqueurs qui partent à la suite de notre armée—tout cela ressemble-t-il à de la haine, à de la politique, à de la vengeance ? Une fausse nouvelle arrive—"Fritz est prisonnier avec 25,000 hommes." C'est absurde—et possible, depuis Ulm, et depuis Sédan, hélas ! mais il n'y a pas de sang versé. La guerre est finie ! On illumine et on s'embrasse. Tandis que vous chassez nos nationaux à coups de crosse, nous gardons les vôtres au nombre de quarante mille. Tout le monde chez nous avait un ami allemand, dont il était sûr. On ne voit que Parisiens allant à la Préfecture pour garantir et conserver un Prussien. Peuple léger ! n'est-ce pas peuple loyal, Monsieur le Comte, peuple chevaleresque, bon enfant, humain, héroïque dans le combat, généreux dans la victoire, pleurant dans le défaite, se décourageant vite, se réconfortant plus vite encore, prêt à la révolte contre ses chefs et se faisant tuer pour eux cinq minutes après ? C'est Kléber, trahissant presqu'en Egypte, et reprenant à main armée huit jours après les forteresses qu'il a livrées dans un accès de mauvaise humeur. C'est Ney, promettant à Louis XVIII de lui ramener Napoléon dans une cage de fer, et tombant aux pieds de Napoléon quand il le revoit. Nous sommes ainsi, vous ne nous referez pas, mais tels que nous sommes, nous étonnons, nous inquiétons, nous amusons, nous éclairons, nous modifions le monde, et somme toute, nous l'entraînons dans notre mouvement. Il finit toujours par nous suivre parce qu'il voit bien que nous allons toujours quelque part où les autres n'ont pas encore été.

Or, savez-vous pourquoi nous sommes battus aujourd'hui, et par vous ? C'est que depuis vingt ans déjà, nous ne croyons plus à la guerre, que nous n'en voulons plus, et que lorsque nous ne voulons plus d'une chose, cette chose meurt, parce que c'est nous que Dieu a chargés de juger les choses, et de dire à l'humanité : " Cela est bon ou " cela est mauvais, quoiqu'il doive nous en coûter." C'est nous qui frappons la monnaie de la civilisation, et nous jetons au rebut toutes les pièces fausses. La France c'est le Rheims des idées, dirait Victor Hugo ; c'est là qu'elles viennent se faire sacrer. Si on lit vos grands poëtes, c'est que nous les avons traduits. Si on ne lit pas vos philosophes, c'est que nous n'avons pas pu les comprendre. C'est nous qui avons découvert, développé, ressuscité, dédommagé, par l'immortalité, vos grands musiciens, depuis Mozart jusqu'à Meyerbeer, depuis Schubert jusqu'à Weber, quand vous les aviez laissés dans la misère ou dans l'oubli. Wagner est là qui attend à notre porte un permis de circulation. Il ne sera pas, tant que nous n'aurons pas dit : "Qu'il soit." Nous sommes non-seulement le contrôle, nous devenons la patrie de toutes les valeurs de l'esprit—voilà pourquoi nous sommes éternels, et si vous mettez votre casque sur notre lumière, votre casque prendra feu, mais vous ne nous éteindrez pas. Nous sommes ce qui est—et ce qui sera.

Donc nous avons déclaré, depuis vingt ans, que la guerre était décidément un moyen barbare—pire que barbare, absurde et inutile—et nous nous sommes découverts ; vous qui croyez à la guerre, vous vous êtes armés, et nous voilà vaincus. Et le monde s'étonne ! Et le monde s'effraie ! La France est vaincue ! Qui aurait jamais cru cela ! Qu'allons-nous devenir ? Tenons-nous cois ! Ne disons rien ! La Prusse nous dévorerait ! Armons-nous en silence à notre tour. Il n'y a plus que ce moyen-là. Si nous pouvions inventer un canon qui porte à quinze mille mètres ! une essence qui volatilise un corps d'armée en cinq minutes ! un feu grégeois qui détruise une capitale en une seconde. Inutile ; ne cherchez pas. La guerre est morte. La France n'y croit plus, et l'effort que vous venez de faire faire à votre peuple, prouve bien qu'il doit être le dernier. Vous ne pourrez pas la recommencer tous les ans, vous venez de le dire vous-même. Il y a des succès dont on ne se relève pas, il y a des triomphes dont on meurt. Vous n'avez préparé cette guerre formidable que parce que vous sentiez venir l'invincible amour de la paix vous vous êtes dit : "La force matérielle peut encore gagner une " partie dans le vieux monde qui va finir ; gagnons cette " partie, ce sera toujours ça de pris. Nous verrons en-

" suite ce que nous ferons." Eh bien, vous nous aurez aidés à tuer la guerre. L'humanité, en effet, ne peut pas passer sa vie derrière des murs de mitrailleuses, les hommes faisant l'exercice, les femmes faisant des cartouches, et les uns et les autres faisant, dans leurs moments perdus, des enfants qu'on mettra dès l'âge de dix-sept ans devant la gueule des canons, et sous la pluie des obus. Avant vingt ans d'ici, les hommes, même les Allemands, ne voudront plus aller à la guerre sans savoir pourquoi, et comme il sera impossible de leur donner une bonne raison, ils n'iront pas. Mais si vous n'avez plus la guerre, M. le Comte, que restera-t-il à votre peuple auquel vous n'avez cru devoir donner que ça? Car vous n'avez ni littérature, ni arts, ni commerce, ni industrie, ni finances, ni religion. J'ai gardé ce mot pour le dernier, parce que c'est le plus important, et que vous prétendez avoir recommencé, non-seulement la guerre des races, mais la guerre des consciences et des âmes, et la preuve c'est que vous l'avez inaugurée par le jeûne et par la prière, et que votre maître s'est déclaré, au nom du Dieu de Luther, le Justicier de l'Europe.

Je commence par vous dire que je n'ai nullement l'intention d'insulter le roi Guillaume. Rien n'est plus lâche que d'insulter à un ennemi vaincu, rien n'est plus bête que d'injurier un ennemi vainqueur. Je ne hais pas le roi Guillaume, pas plus que je ne vous hais; je vous observe, je vous regarde faire les uns et les autres, je cherche à quoi vous servez dans l'évolution humaine, à quels types vous appartenez, quelle cohésion ces types ont avec les événements qui s'accomplissent, et à quelle finalité Dieu vous fait servir. Je vous juge, enfin, avec la plus grande impartialité, comme doit faire un homme qui s'est depuis longtemps placé en dehors et au-dessus des passions du moment.

Or, s'il y a un homme dans le monde qui n'était pas fait pour être un grand homme, et qui ne le sera jamais, quels que soient votre génie et vos succès personnels, c'est bien le roi Guillaume. Vous avez fait là, M. le Comte, de la génération spontanée. Mais vous devez avoir besoin de beaucoup de précautions dans vos rapports avec *votre enfant*. Vous êtes un Pygmalion bien embarrassé, en face de cette statue de bois que vous avez fait marcher. Il y a des jours où elle veut vous embrasser, il y en a d'autres où elle doit vouloir vous jeter par la fenêtre. Au fond, vous en avez pris votre parti, parce que c'est vous qui avez la clef de ce joujou colossal. Étudions ce roi, il est brave, non sans prudence; il est convaincu qu'il ne manque jamais à sa parole. Comme tous les êtres passionnés, il est en effet de bonne foi, quand il la donne et quand il la reprend. Dans le premier cas, il n'avait pas prévu; dans le second, il a oublié. Abandonné à lui-même, il eût fait de la Prusse une immense caserne, mais voilà tout. Il était né, en physiologie pure, pour être un sergent instructeur, aussi exact à l'inspection qu'à la table d'hôte. C'est ce que les soldats appellent un chien de cour, et les collégiens un pion. L'exercice, la discipline, la hiérarchie, les cadres bien complets, l'uniforme bien propre, les armes bien fourbies, les buffleteries bien nettes, la règle enfin; voilà avant vous, ce qui lui remplissait l'esprit. Il déteste les Français, parce que les Français ont battu les Prussiens à Jéna, et que Napoléon est entré à Berlin. Il n'y a pas d'autres raisons. Entrer à Paris était son idée fixe, il en parlait toujours, mais il comptait et recomptait ses hommes sans se décider à tenter la chose, quand vous êtes apparu, et lui en avez fait entrevoir la possibilité. Maintenant qu'il est parti pour ça, s'il n'y entre pas, il en mourra, non pas de chagrin, le chagrin lui est interdit, mais de colère. S'il y entre, il y fera sonner ses éperons, il posera sa large main tachée de sang sur un des pilastres de l'arc de Triomphe, comme Mahomet sur le mur de Ste. Sophie, après quoi il se fera haranguer à Notre Dame, et trinquera avec son Dieu sur l'autel du nôtre. S'il meurt dans son lit, ce dont je doute, il mourra en disant : “ Ça “ m'est égal, je suis entré à Paris.” Mais ce qu'il ne sait pas, c'est que, dans le cas même où Paris ouvrirait ses portes, vous ne laisseriez pas, lui le Roi, entrer dans Paris. Il faut que vous le rameniez à Berlin, empereur d'Allemagne et vivant, et vous savez bien que Paris ne vous en rendrait que les morceaux, et les morceaux d'un roi ne sont pas bons pour ce que vous avez encore à faire. Quoiqu'il arrive, les dernières années de cet homme seront donc empoisonnées, et il reviendra chez lui, triste, triste, triste ; car même victorieux, il ne comprendra rien à sa gloire, si la gloriole lui a manqué.

En dehors de cette idée fixe, le Roi n'est pas méchant. Je parierais qu'il aime les enfants, et qu'il leur découperait des militaires en papier, pendant toute une soirée, sans ôter son sabre, et en leur expliquant bien les uniformes et les armes. Il doit avoir ce qu'on appelle de l'esprit naturel, et de grosses saillies doivent éclater dans sa barbe comme des obus dans des buissons. A propos de barbe, regardez son menton et sa bouche. Quels signes d'obstination et de tenacité! Le menton avance comme un coup de poing, les mâchoires sont fermées comme des tenailles. S'il m'était permis de comparer à un animal un homme qui me menace tous les jours de brûler mes livres et de briser mes cornues, je le comparerais à un boule-dogue, et je dirais qu'il faut lui mordre la queue jusqu'au sang pour lui faire lâcher ce qu'il tient entre ses crocs.

Il doit rire, en secouant ses épaules comme tous ceux chez qui la gaieté vient de l'estomac, mais il reprend son sérieux tout de suite. Et la couronne! Et sa mission! Il faut de la tenue! Diable! Je donnerais beaucoup, relativement—parce qu'il ne me reste pas grand'chose—pour l'entendre, dans son intimité, parler de Napoléon III. Il doit le bombarder des épithètes les plus burlesques, il doit imiter ses gestes et ses intonations, contrefaire sa prononciation allemande, faire sa charge en un mot, et finir par rire aux éclats. Si la servante se trouvait là à la suite de cette scène, il lui prendrait la taille et l'embrasserait de façon sonore—ce qui exprimerait définitivement l'état de son âme—mais en tout bien, tout honneur—il est chaste.

Son âme? A-t-il une âme? Croit-il en ce Dieu dont il parle toujours? Est-il vraiment religieux? Se considère-t-il réellement comme un élu suscité par la colère divine pour le châtiment des coupables et pour l'avènement de la justice sur la terre? Avoir une âme! C'est bientôt dit. Et puis il y a âme et âme. Le roi Guillaume en a une, à sa façon. Regardez le sommet de sa tête, l'organe de la vénération s'y trouve, il n'y a pas à dire le contraire, mais la religion qu'il a est une religion à part; il a son Dieu pour lui tout seul, et il est très-sincère quand il l'invoque. Avec ce Dieu particulier il a fait une convention secrète, tout comme avec l'empereur de Russie; il lui a dit: "Voulez-vous, "Seigneur Dieu, m'aider à châtier ce peuple français "que je déteste pour son immoralité et parce qu'il nous "a battus à Jéna? Je vous promets, si vous me se- "condez, de tout faire en votre nom, de rapporter tout "à vous, et de vous répandre et propager de par le "monde, à l'encontre des dieux catholique, musulman, "et grec, malgré mon alliance avec ce schismatique "d'Alexandre—mais ça, c'est de la politique. Je recon- "naîtrai que vous êtes avec moi à tels et tels signes, si "telles et telles choses s'accomplissent d'ici à tant de "temps, c'est que ce sera une affaire convenue; alors "comptez sur moi, le roi Guillaume ne manque pas à "sa parole."

En quoi il ne ressemble pas à son père si c'est vrai. A la suite de cette évocation politico-mystique, le Roi s'est agenouillé et il a prié avec ferveur pour donner le denier à Dieu; puis il s'est relevé, il a attendu les signes qu'il avait indiqués, et ces signes étant apparus, il n'a plus douté une seule minute de sa mission, et il est parti en guerre, les yeux levés au ciel comme Godefroy de Bouillon, le derrière bien planté sur sa selle comme M. de Marlborough, et disant à part lui: "Je suis "tranquille."

Si Dieu, le Dieu du Roi, n'avait pas répondu au Roi par des signes manifestes, le Roi fût devenu à tout jamais mélancolique, et il eût cessé de croire à son Dieu. Voilà sa religion. Ce n'est pas un religieux, c'est un disciple Spiner, un piétiste; cela tient du Quaker et du maniaque. Si Guillaume I vit assez pour voir qu'il n'a rien accompli de ce qu'il croyait et voulait accomplir, il deviendra fou. Jusqu'à ce qu'il ait trouvé sa voie ou plutôt jusqu'à ce que M. de Bismark la lui ait indiquée, cet homme a beaucoup souffert. Les projets les plus informes venaient se cogner et se casser sur ce cerveau lapidaire. Il lui paraissait par moments qu'il était appelé à faire quelque chose, et il ne savait pas quoi. Il brûlait d'un grand besoin d'action, sans la moindre connaissance d'action à faire. Il passait continuellement ses soldats en revue, et les trouvait superbes, et fonctionnant comme des machines ; il les admirait, mais il secouait la tête, et se disait tout bas : "Leurs pères aussi manœuvraient "bien devant mon père, mais ils se sauvaient encore "mieux devant Napoléon." Après quoi, il remettait ses soldats dans leur boîte.

C'est alors que vous êtes intervenu, M. le Comte, vous, l'esprit pratique par excellence, ne vous aventurant jamais dans les combinaisons extra-humaines, ayant une fois pour toutes réservé la question de Dieu dont vous ne comptez vous occuper qu'après votre mort, mais utilisant admirablement tous les moyens humains, fermant les volets, pour ainsi dire, sur la lumière que vous portez en vous, et la concentrant au-dedans de vous-même, sur un point fixe. C'est devant ce foyer mystérieux, dont une lueur brille, à de rares intervalles, et malgré vous, entre vos paupières, que vous vous livrez comme un alchimiste, à l'examen des hommes et des choses. Il y a du Faust en vous ; il y en a et il y en aura dans tout Allemand qui aura voulu percer à jour la connaissance de l'homme.

M. de Bismark regarde toujours devant, quelquefois de côté, rarement derrière, jamais au-dessus ; s'il entrait dans des discussions extra-humaines, il douterait de son œuvre, et maintenant qu'il l'a entreprise, il veut la mener jusqu'au bout, sans trouble et sans hésitation. Il sent bien Dieu autour de lui; mais il va comme s'il ne soupçonnait pas son existence. Dans ce qu'il dit et veut imposer aux hommes, il ne se sert jamais de ce mot "Dieu." Il en laisse le maniement au Roi, qui n'en comprend ni la valeur ni le danger. De temps en temps cependant, Dieu insiste et gène M. de Bismark; alors M. de Bismark laisse tomber ses paupières sur ses yeux, se ferme et cesse de penser. C'est un vertige de l'âme. Quand il est rentré en possession de lui-même, quand il ne voit plus que ce qu'il a en lui, il reprend son idée et son action. Esprit lucide, cœur saignant, désireux de se mesurer avec le monde, peut-être pour prouver ce qu'il vaut à un seul être qui ne l'a pas compris, M. de Bismark s'est rendu compte tout de suite de l'état de ce monarque, tournant sur lui-même, et détenteur de ce pouvoir dont nous disions plus haut que les grands politiques ont besoin pour exercer leur génie.

A l'envers de nos idéologues modernes qui veulent convaincre tous les hommes à la fois, ce qui équivaut à vouloir remplir une bouteille par le fond, M. de Bismark a compris que c'est par le goulot qu'il faut emplir la bouteille, et il s'est dit: "Quand on est maître du roi, " dans un pays à gouvernement personnel, on est maître " du peuple." C'était le raisonnement de Voltaire, et voilà pourquoi Voltaire se faisait le chambellan du roi de Prusse, le correspondant de Catherine, et le flatteur de Mme de Pompadour, qui régnait sous la forme de Louis XV. Au lieu de s'adresser aux foules distraites, ignorantes, grossières, insaisissables, ou que le premier orateur du carrefour peut entraîner à sa suite, il s'adressait à ceux qui disposaient des foules, et il se disait avec son admirable bon sens : " Quand j'aurai fait " passer mes idées dans l'esprit de ceux qui conduisent " les peuples, ils conduiront les peuples où je veux " qu'ils aillent." En un mot, il procédait comme le soleil qui éclaire d'abord les sommets. Les critiques subalternes, ces obscurs blasphémateurs, dont parle Lefranc de Pompignan, n'y ont rien compris, et l'ont appelé courtisan. Plus heureux que Voltaire, mais moins grand que lui, puisqu'au lieu de travailler à l'émancipation intellectuelle et morale de tous les peuples, il ne cherche que le développement politique, et la prépondérance materielle d'un seul, M. de Bismark trouve dans le successeur de ce Frédéric que Voltaire a tant loué, et de ce Frédéric-Guillaume que Napoléon a tant battu, un prince à vues courtes, tendu sur cette idée fixe: " Venger Jéna, et recommencer Rosbach." C'était tout ce qu'il fallait à ce nouvel Ulysse pour en faire l'Agamemnon de cette nouvelle Iliade, qu'aucun Homère ne chantera. Le roi Guillaume rêve en effet maintenant d'être le Roi des Rois, et il faut dire qu'il est aussi ambitieux, aussi orgueilleux, aussi violent, aussi cupide, aussi vindicatif, aussi déloyal, que celui qu'Homère a chanté. La ressemblance ne s'arrêtera pas là. Je ne suis pas Cassandre, mais je crois pouvoir prédire au roi de Prusse, comme la fille de Priam l'avait prédit si justement et si inutilement au roi d'Argos, qu'il mourra de mort violente après être rentré dans sa patrie. A piétiste sanguinaire, piétiste fanatique. " Sire, défiez-vous des Karl Sand." *Cave, Cæsar, morituri te salutant!*

Les faits ayant prouvé en France que ceux qui

avaient voulu tuer le roi Louis-Philippe et l'empereur Napoléon III ne faisaient que devancer la justice du peuple, l'assassinat politique ne va plus être un crime. Il va être un mandat; et l'assassin ne relèvera plus que de sa conscience. Quand il va être bien avéré qu'il y a antagonisme entre les peuples et les rois, et que ceux-ci mettent autant d'obstination à être dessus, que ceux-là à ne vouloir pas rester dessous, les peuples organiseront l'assassinat comme la Prusse a organisé l'espionnage. L'assassin d'un roi ne sera plus un meurtrier, ce sera un voyant, un précurseur qui ne sera déclaré coupable que s'il n'a pas réussi. Pour ce qui nous regarde, je défie, après les événements qui viennent de s'accomplir, et qui prouvent la prévoyance des Alibaud et des Orsini, je défie qu'on trouve un jury en France pour condamner un homme qui aura voulu tuer un roi, c'est-à-dire un homme qui aura voulu ou qui voudra nous envoyer de nouveau aux aventures que nous traversons. Et de la France cette façon de voir aura bientôt gagné les autres pays.

L'assassinat! telle est la forme déplorable, mais logique et péremptoire que va revêtir la Révolution universelle, c'est-à-dire la résolution définitivement prise par tous les peuples de ne plus subir les rois et de rester seuls maîtres et responsables de leurs destinées. Et ce ne sera pas par l'association de plusieurs, par la conspiration collective, sœur de la trahison, que ce verdict suprême sera rendu, ce sera par l'individu isolé, silencieux, impassible—le Brutus de Tarquin, ou le Lorenzaccio d'Alexandre de Médicis. Cet homme se dira: "Il ne faut pas que cela soit ainsi;" et il jugera, condamnera, exécutera seul, sans crainte et sans remords. Et dans tout peuple asservi, exploité par un homme, cet homme se trouvera toujours. Je ne dis pas que je l'approuve, mais je l'annonce.

Cavete, Cesares, mortui vos salutant!

Il n'y a pas que le roi Guillaume. Le roi Guillaume, ce n'est que le présent, un présent très-limité, espéronsle; mais ce roi a un fils et un neveu qui, heureusement, ne sont pas plus disposés à s'entendre ensemble qu'à s'entendre avec M. de Bismark. Il est de tradition, lorsqu'un roi a un neveu et un fils, que le neveu qui ne doit pas régner a toujours une manière de voir autre que celle du fils qui régnera. Si les Castor et Pollux sont rares comme frères, ils sont introuvables comme cousins. Les branches cadettes, dans les familles royales n'ont qu'une idée: c'est de prouver à leurs compatriotes et à la terre entière, si c'est possible, que la nature s'est trompée, qu'elles sont en tout point supérieures aux branches aînées; et l'unique préoccupation de leurs membres est, à force de talent quand ils sont vraiment distingués, à force d'intrigues quand ils sont vraiment inférieurs, de se substituer à ceux d'en haut. Aussi le prince Frédéric-Charles a-t-il fait de son mieux pour établir sa supériorité personnelle sur le prince Fritz. On ne sait pas ce qui peut arriver! S'il a tant étudié l'art de la guerre, c'est qu'il prévoyait la guerre, et à la guerre, un prince héritier peut être tué, comme le dernier des soldats, surtout quand il est brave. Ces deux hommes n'aiment pas M. de Bismark, je le parierais bien. Le prince Fritz le regarde comme un conseiller fatal, le prince Frédéric-Charles le regarde comme un conseiller inutile. L'un est convaincu que son père eût pu accomplir son œuvre d'unité pacifiquement, l'autre que sa science stratégique eût suffi. Quel que soit celui des deux qui règne, M. de Bismark ne règnera ni sous lui, ni sur lui. Le seul point où ils soient d'accord, c'est qu'on eût pu se passer du Comte. Du reste, ici encore nous retrouvons une manière de voir différente, en raison des types opposés auxquels ces deux hommes appartiennent.

Regardez-les. Voyez le prince Frédéric-Charles. Le développement du front est énorme. Un peu plus c'était un hydrocéphale. Il ne doit pas être facile à vivre, comme on dit vulgairement. Son humeur est des plus inégales, bien qu'il s'en cache le plus possible ; non qu'il tienne à l'opinion des hommes, il les déteste trop pour cela, et s'il les déteste c'est qu'il sait qu'il y en a d'heureux et qu'il est bien un des êtres les plus malheureux qui existent. Heureusement pour lui, il a reçu de la nature la faculté de s'absorber pendant de longues heures dans un travail unique, acharné, grâces auquel il tient à l'écart les pensées tristes dont il est assailli et qui l'auraient mené au spleen et à l'aliénation sans ce contrepoids. Il ne doit pas rire souvent. Ses traits se contractent dans le sommeil, et la première image qui se présente à son esprit quand il s'éveille est toujours une image lugubre. C'est un cerveau qui a des nausées. Par moments, dans la solitude, il doit avoir envie de crier ; et s'il ne pleure pas, ce n'est pas non plus l'envie qui lui en manque, mais il a une volonté de fer, et il ne voudrait pas même pour la couronne future de Fritz, qu'un homme connût ses défaillances, ni une femme non plus, bien qu'il ait des tendances sentimentales. Il doit affecter la simplicité la plus grande dans ses mœurs, dans ses habitudes et jusque dans ses repas, bien qu'il ait besoin de beaucoup de nourriture. Il tient aussi à avoir l'air de penser toujours à quelque chose, et il pense en effet, mais sa pensée va moins loin qu'on ne le croit et, surtout, qu'il ne veut le faire croire. La mise en train du travail doit lui être extrêmement pénible. Il n'y a rien de prime-sautier en lui, ni d'inventif, ni d'inspiré. Il écoute, il lit, il s'assimile peu à peu l'idée des autres, l'élucide, la développe, l'étend jusqu'à une certaine limite, et reste tout étonné de ne pouvoir pas la pousser plus loin. Ce qu'il envie le plus, c'est la rapidité de conception, l'esprit de synthèse; car il procède du composé au simple; autrement dit, il prend toujours le plus long, et revient patiemment sur ses pas, quoiqu'avec un peu de fièvre et d'irritation. C'est un honnête homme qu'on exposerait à de bien grandes luttes si on lui confiait sous le sceau du secret—et sans savoir qu'il en est occupé—la solution d'un problème qu'il cherche inutilement à résoudre tout seul. On le mettrait ainsi à une rude épreuve, et je ne sais pas s'il ne finirait pas par succomber, comme un amateur qui ne peut pas résister à dérober dans une collection une pièce introuvable ailleurs et qui manque à la sienne. Il n'est ni un foyer ni un rayon; il est un reflet. Il doit travailler la nuit, *per amica silentia lunæ*. Il doit aussi aimer les chiens: ça écoute, ça regarde, et ça ne peut rien dire. Que de fois il a voulu s'épancher avec une femme. Je crois qu'il n'a jamais osé, plus par défiance de soi que d'elle. Je serais fort étonné s'il était éloquent. Chose curieuse! C'est un grand travailleur qui était né paresseux. Le travail n'est venu que par un effet de sa volonté, qui est implacable, je crois l'avoir déjà dit. Il est superstitieux; cependant quelques efforts qu'il fasse pour ne pas l'être, il a des pressentiments, des cauchemars, et certains bruits le font tressailler. Sa santé ne lui obéit pas non plus comme il le voudrait, et l'amour physique n'est pas son affaire. Je ne parierais pas qu'il aime les enfants. Il a dû faire des vers dans sa jeunesse. Il doit regretter que la Prusse ne soit pas une puissance maritime. Il eût mieux aimé commander sur mer que sur terre. Il est du reste comme la mer, changeant, capricieux, agité, et comme à la mer Dieu lui a dit : "Tu n'iras pas plus loin." Il y a là une ambition colossale qui ne peut prendre son essor. Il lui manque le plus important pour monter :—les ailes. Il se rêve Bonaparte et il se réveille Moreau. Il y a en lui du Prométhée et du Tantale ; il sait où est le feu, il le voit, et ne peut le saisir. Il a juste assez de valeur pour savoir qu'il n'a pas de génie. A cause de cela, c'est un des hommes les plus envieux, les plus haineux, les plus dangereux qui soient. De tous les Allemands c'est certainement celui qui hait le plus la France.

Monsieur de Bismark s'en sert et le méprise.

Mais à qui le grand diplomate eût voulu plaire, c'est au prince Fritz. Le Prince-Royal est tout l'opposé du prince Frédéric-Charles, et c'est aussi tout le contraire de M. de Bismark. Ah ! enfin ! me voici en face non pas de la plus grande valeur intellectuelle de ce groupe, mais de la seule valeur morale. Ce visage rafraîchit et repose l'observateur. Ce n'est pas pour être derrière le fils ce que vous êtes derrière le père, et pour vous continuer d'un règne sur l'autre, que vous auriez voulu conquérir ce prince, Monsieur le Comte. Non ; vous n'avez pas de ces ambitions mesquines ; vous savez d'ailleurs que vous devez être indispensable ou n'être pas du tout, et qu'en cas d'ingratitude de la part de votre souverain, ingratitude qu'il faut toujours prévoir, surtout en Prusse, vous serez plus grand peut-être dans la disgrâce que dans la faveur. D'ailleurs, la disgrâce pour un homme comme vous, c'est le repos, et le repos est votre rêve, comme si vos pareils pouvaient se reposer. Non, vous auriez voulu gagner la confiance du Prince-Royal pour la confiance elle-même. La confiance n'est pas le vrai mot, c'est l'amour que j'aurais dû dire. Le prince Fritz vous fait l'effet d'une femme, et vous avez dû, pour ainsi dire, lui faire la cour comme à une femme. Puissance de l'idéal! Elle vous domine en cet homme.

Nous n'ignorons, ni vous ni moi, que les deux générateurs, le père et la mère, se combinent quand ils sont adéquats, et se combattent quand ils sont contradictoires, dans leur produit, dans l'enfant qui résulte d'eux. Or, les deux types du roi et de la reine de Prusse sont absolument contradictoires. Malgré ses apparences musculaires et ses surfaces velues, le Roi est un faux mâle, dans l'acception virtuellement créatrice du mot. Aussi dès le premier-né le père a été rejeté, la mère est restée seule, non pas la mère telle qu'elle est, mais telle qu'elle a été un moment, telle qu'elle aurait voulu rester toujours. Autrement dit, le prince Fritz a été l'incarnation du rêve que sa mère n'a pu réaliser elle-même. C'est là que cet idéal s'est réfugié, mais la flamme en quittant le foyer qu'elle avait habité n'y a laissé que des cendres. La reine Augusta n'est pas un cœur sec, c'est un cœur séché.

J'ai lu dernièrement qu'un de mes compatriotes, M.

Arlès Dufour, avait adressé une lettre à la reine de Prusse, pour la supplier, au nom de l'humanité, de mettre fin à cette guerre impie. Il l'invoquait comme femme, comme mère, comme chrétienne. La Reine lui a répondu la lettre la plus laconique et la plus glacée qui soit jamais tombée de la plume d'une grande dame. Regardez cette tête avec attention et sincérité, et dites-moi s'il en pouvait sortir autre chose que cette réponse. Il faut que M. Arlès Dufour soit bien ignorant en physiologie pour avoir espéré un moment attendrir cet être pétrifié déjà depuis de longues années, et que la perte de ses illusions a rendue inexorable. Cette femme n'est autre que la fille de Cérès enlevée par Pluton, pendant qu'elle cueillait des fleurs. C'est Proserpine. Orphée peut l'implorer tant qu'il voudra pour qu'elle lui rende Eurydice, elle ne la lui rendra pas, et elle empêchera même Pluton de la lui rendre au moment où le dieu de la mort se laisserait attendrir. Elle hait tout ce qui est jeune et beau, parce qu'elle a été inutilement jeune et belle ; elle hait tous ceux qui aiment, parce qu'elle n'a jamais pu aimer. Je ne crois pas, du reste, qu'un cœur de femme ait jamais été plus refoulé que celui de la reine Augusta, ni qu'on puisse cacher plus d'inflexibilité, plus de stérilité, sous plus de grâces et de sourires. C'est le Sahara peint en vert. Tout ce que l'éducation, l'instruction, la vanité, l'habitude des sommets sociaux, le désir de plaire, peuvent simuler dans une femme de charme, de bienveillance, d'affabilité, de bonhomie, la reine Augusta s'en est revêtue, et les superficiels doivent voir en elle, non-seulement la princesse la plus distinguée, mais la personne la plus facile à émouvoir. Nulle ne joue mieux qu'elle la sensibilité, et le récit d'une belle action, comme le récit d'un grand malheur, mouille ses yeux sans les rougir jamais. Je la vois d'ici, descendant avec la coquetterie la plus séduisante, du sommet des hauteurs royales, pour courir au-devant des femmes qu'elle aime ou qu'elle prétend aimer, et qu'elle choisit en dehors de l'étiquette, et avec un grand mépris des préjugés, mépris apparent parmi des femmes à qui leur petite origine n'aurait jamais permis de rêver un pareil honneur. Cela lui permet d'avoir l'air d'une princesse non semblable aux autres, plaçant la valeur personnelle au-dessus de tout, sachant la découvrir dans les rangs les plus obscurs, et cela l'autorise, en même temps, à humilier des femmes qui, étant de plus vieille race qu'elle, sont devenues ses inférieures par le hasard du trône. Aussi avec ses amies d'élection, quelle modestie câline elle affecte. Que de fois elle leur a dit : "Que vous êtes " heureuses de ne pas être reine, et combien je vous " remercie de m'aider, en m'aimant un peu, à oublier " que je le suis. Dire ce qu'on pense, se verser dans un " cœur qui vous comprend, se sentir aimée, vivre par " les sentiments, combien cela est préférable aux vanités " de la grandeur." Et celles à qui elle parle ainsi disent : " Quelle femme supérieure ! Quelle intelligence d'élite ! " Quelle âme délicate et tendre !" Rien de plus faux. C'est l'âme non-seulement la plus froide, mais la plus hautaine, la plus autoritaire, la plus implacable. Il lui est absolument impossible de pardonner la plus légère offense, et quiconque voudra s'opposer à ce qu'elle aura résolu, elle l'exterminera si elle peut. Tout est calculé en elle, prémédité, combiné. Elle doit prendre une attitude pour dormir, et au réveil, elle revêt tout de suite une seconde personne qui rend impénétrable celle qui est dessous. Si elle n'avait une peur affreuse de la mort, quoiqu'elle affecte la philosophie et la piété, elle s'étudierait à mourir d'une certaine manière. C'est la quintessence du fictif. Ni la littérature, ni les arts, ni les sciences ne l'intéressent, et cependant elle paraît les adorer, et elle en parle avec passion. Elle s'est imposé—pour arriver à paraître lettrée, artiste, savante—la patience de lire des centaines de volumes, et de causer longuement avec les gens qui l'ennuient le plus. Elle doit repousser toute conversation politique, en disant: "Ces "choses-là ne nous regardent pas, heureusement, nous "autres femmes." Bref, qui l'examinerait attentivement, sans savoir qu'elle est une majesté, trouverait en elle à doses presqu'égales l'étroitesse dans les idées, la manière dans l'expression, et la férocité dans les sentiments. Il y a en elle de la provinciale, de la précieuse, et de la Parque. C'est une trinité bizarre, composée de marquise d'Escarbagnas, de Scudéry, et d'Atropos.

Une des causes secrètes, mais non des moins sérieuses, de la guerre actuelle, c'est la haine profonde que la reine de Prusse a dû, en raison de son type, concevoir pour l'impératrice des Français, haine à laquelle elle a fait un emprunt en faveur de la belle impératrice d'Autriche, qu'elle a été heureuse de voir humiliée en 1866. L'Impératrice française a eu le malheur d'être l'incarnation inverse de la reine Augusta, et de réaliser ce que celle-ci aurait voulu être. La jeune et belle comtesse de Montijo, gracieuse, souriante, libre, choisie à cause de sa grâce et de sa beauté par le chef de la plus grande nation du monde, pour occuper avec lui le premier trône de l'univers (quel rêve!) rejetait dans l'ombre tout-à-coup les importances héréditaires et convenues de toutes les autres princesses de l'Europe. C'était le triomphe de l'amour sur les préjugés, de la beauté sur la tradition, du sentiment sur la politique. C'était l'avènement de la liberté, de la fantaisie même, dans les dogmes rigides et sacrés de la monarchie. C'était Vénus sortant de l'onde et détrônant Junon. Quel schisme ! Toutes les déesses de l'Olympe reléguées au second plan, crièrent au scandale et demandèrent vengeance contre cette divinité parvenue, née d'un rayon de soleil et d'un flocon d'écume, et qui n'avait d'autre titre à la puissance que la perfection. Celle qui devait l'envier, et par conséquent la détester le plus, c'était Proserpine, la déesse d'en bas, la reine des ombres, mais c'était celle aussi qui avait à sa disposition le plus de moyens de lui faire du mal. Ne tenait-elle pas sous son empire les juges Minos, Eaque, et Rhadamante, et les Parques, et Cerbère aux trois gueules, et Briarée aux cent mains, et Typhon aux cent têtes, et cette Furie, armée d'une épée nue, les mains sanglantes, le visage enflammé, faisant siffler ses serpents, qu'on appelle la Guerre ; et cette fille de la nuit, aux pieds tordus, aux ailes noires, au cœur de fer, aux entrailles d'airain, qu'on appelle la Mort !

Tous les dieux infernaux ont été déchaînés, et Proserpine triomphe. De la déesse rayonnante, de ce sourire couronné qui fut l'impératrice Eugénie, il ne reste plus qu'une femme pâle, vêtue de deuil, fuyant un époux maudit, abritant un enfant effaré, dont les dangers d'un jour nous ont émus, dont les lauriers d'une heure nous ont fait rire. Heureux prince, après tout, qui n'aura connu de la toute puissance que le bien qu'elle permet de faire. Remerciez les dieux, Monseigneur, vous ne régnerez jamais !

Eh bien, ce que la reine Augusta veut faire croire qu'elle est, elle l'a été réellement et elle le serait encore si elle eut été maintenue dans l'atmosphère tiède et parfumée d'une petite cour allemande comme une de celles où elle est née et pour lesquelles elle était née. Donnez-lui un mari comme le duc de Weimar dont Goethe fut l'ami, donnez-lui un ami comme Goethe, et vous obtiendrez, sinon une femme supérieure, du moins une femme heureuse et bonne, s'épanouissant dans toute la plénitude de son type original. C'est un cygne qu'on a retiré d'un lac pour le jeter dans une mare. Cette cour de Prusse avec ses duplicités traditionelles, avec son ambition maladive qui ne peut pas plus être assouvie que la luxure de Messaline, avec sa politique souterraine, ténébreuse, dégage des vapeurs fétides qui noirciraient les diamants, et qui décomposeraient les anges. Mais comme il est dit que l'idéal ne périra pas, même dans le royaume du mensonge et de l'hypocrisie, la mère a furtivement déposé dans son premier-né ce qu'il n'était plus permis à la femme de garder en elle.

Il y a un livre de ce Goethe dont nous parlions tout à la heure, de ce même Goethe qui disait en parlant des Allemands : "Plus vous les instruirez, plus vous leur "apprendrez à être barbares" — il y a dans son livre des *Affinités Électives,* une femme mariée qui aime passionnément un autre homme que son mari, mais qui, loin de trahir ses devoirs d'épouse, ne se soustrait à aucun de ces devoirs ; seulement, tout en abandonnant sa personne à son mari légal, elle livre secrètement son âme à son mari d'élection ; elle se réfugie d'autant plus dans le second, qu'elle subit le plus le premier, en un mot, plus on lui impose la réalité, plus elle communie avec le rêve. La nature n'en fait pas moins son œuvre ; la femme devient mère, mais dans cette conception involontaire, l'âme s'impose au corps, l'esprit subordonne le fait, et l'enfant engendré par le mari est l'image vivante, au moral et au physique, de l'amant, qui n'a même jamais su à quel point il était aimé.

Même chose est arrivée à la reine Augusta. L'époux qu'elle rêvait et qu'elle ne devait pas trouver sur la terre est le véritable père du prince Fritz. Regardez la tête du Roi et celle du Prince-Royal! Qu'y a-t-il de commun entre ces deux hommes? Rien. L'un a passé par l'autre, voilà tout, mais il venait de quelque part où celui par lequel il passait n'a jamais été, et il va vers des pays inconnus à ce générateur inconscient.

Quand le prince Fritz se regarde dans une glace—ce qui lui arrive quelquefois, souvent même—il croit à l'influence du beau dont il est une expression, et il se voit pacificateur.

Puisque nous avons emprunté quelques comparaisons au monde mythologique, continuons. Il y a du Lucifer, plus que du Lucifer, il y a de l'Apollon, dans le Prince-Royal; aussi rêve-t-il le règne de la paix, de la science, des arts, de la lumière enfin. Vous aurez beau lui dire que vous lui préparez ce règne et que c'est pour lui que vous prenez devant l'avenir la responsabilité de ces grands bouleversements européens, il ne vous aime pas et il reste convaincu que l'on aurait pu obtenir les mêmes résultats par l'éloquence et par la douceur. Apollon n'est-il pas le dieu de l'harmonie et n'est-ce pas au son de la musique qu'il inculquait aux hommes les préceptes de la morale? Peu s'en est-il fallu qu'il ne se laissât chasser aussi par le Roi son père et qu'il n'allât garder les troupeaux d'Admète plutôt que de se faire le complice d'une politique dont, malgré les succès de ses armes, il craint encore d'être, et dont il sera, la victime expiatoire. Sa voix doit être agréable et sonore, son cœur doit être trop gros, il pâlit dans l'amour ; vers lequel il doit être porté !

Il aime les femmes, ou plutôt la femme, parce qu'il sait qu'il a ce qu'il faut pour être aimé d'elle, et que ce n'est pas seulement le prince qu'on aime en lui. Il a dû rencontrer peu de résistances sur ce terrain-là, et trouver plus de Clymènes que de Daphnés ; mais il laisserait encore Clytie mourir les yeux fixés sur lui, si Clytie le trahissait, car il a horreur de toute manœuvre occulte. Il n'aime pas la guerre, il n'aime pas le sang versé, mais les uniformes éclatants et dorés doivent lui plaire. Il se plait au milieu des états-majors brillants au feux des bougies dans des grands salons dorés. L'homme ainsi équipé lui paraît plus mâle et plus beau —plus digne qu'on l'aime, mais il voudrait qu'on s'en tînt là, et si l'égorgement arrive, il détourne les yeux. Quand le Roi, après la première défaite des Français, a écrit à la reine Augusta : " Quel bonheur pour Fritz ! " je ne serais pas étonné que Fritz eût pleuré—non de joie mais de douleur. Cependant il a des mouvements de colère, qui passent vite, et il rentre aussitôt dans sa nature véritable, toujours un peu hautaine, mais dévouée, loyale, sage, généreuse, et clairvoyante. Il est d'excellent conseil, et ne comprend pas qu'on ne le croie pas avec aveuglement quand il émet son avis, toujours de bonne foi et toujours sensé. Il est religieux, comme tous ceux qui sont beaux et qui aiment le beau ; mais il n'a rien du mysticisme étroit et carré de son père. Je ne crois pas qu'au fond, le Dieu des protestants lui suffise. Il eût aimé les chants, les parfums, les couleurs, les pompes du catholicisme.

Il eût été bien surpris s'il n'était pas né prince. Il se sent fait pour être au-dessus des autres. Cependant, il n'y serait pas arrivé tout seul. Il fallait une complicité de la nature. Il n'y a pas en lui le germe d'un grand homme ; il n'y a, les circonstances étant propices, que le germe d'un grand roi. C'est un Louis XIV rectifié, dont M. de Bismark est le Mazarin supérieur. Il a peut-être eu Marie Mancini et La Vallière, mais il n'aura ni Montespan, ni Maintenon, et il ne révoquera pas l'édit de Nantes. L'injustice le révolte au plus haut point. Si ses ambitions secrètes devaient se réaliser, il serait réellement le roi Soleil, mais qu'il se défie de son cœur, qui est trop gros et qui lui éclatera peut-être un jour dans la poitrine. Il y a des chances pour qu'on manque d'air et qu'on étouffe, quand on veut être en même temps honnête homme et roi de Prusse.

Une fois roi, le fils de Guillaume comblerait M. de Bismark d'honneurs et de titres, et d'argent, si M. de Bismark voulait (il ne voudrait pas), mais il l'éloignerait de lui. Il veut être tout seul dans le char aux quatre chevaux blancs. C'est peut-être un autre qui les aura dressés, c'est peut-être un autre qui les aura attelés—c'est lui seul qui veut les conduire.

Donc vous aurez beau lui dire que vous lui assurez par la guerre actuelle la paix qu'il veut voir régner sur la terre et que ce sera lui, grâces à vous, qui sera l'arbitre du monde pacifié qu'il tiendra en équilibre au sommet d'une Allemagne gigantesque—le prince Fritz ne vous croit pas. Il sait bien que l'amour ne crée pas pour qu'on détruise ce qu'il crée, avant que ce qu'il crée n'ait créé à son tour ; il sait bien qu'un million de mères n'ont pas mis au monde, dans les cris et dans les joies de l'enfantement, des millions d'enfants pour qu'on tue ces enfants quand elles vivent encore et pour qu'on répande dans les ornières des chemins, comme un vin frelaté dans les ruisseaux des rues, le beau sang rouge qui court dans leurs veines bleues ; il sait bien qu'on ne constitue pas la famille, pour arracher le lendemain au sein de l'épouse et aux bras de l'enfant l'époux et le père de la veille ; et que toutes ces poitrines robustes, pleines de sève, et où le cœur bat puissamment à toutes les espérances de la vie, ne sont pas faites pour être défoncées à coups de canon, par les boulets énigmatiques d'un inventeur mystérieux. Vous pouvez lui promettre tout ce que vous voudrez, il ne vous croira pas, parce qu'il sait que le résultat n'est jamais certain quand le moyen n'est pas juste, et qu'il n'y a pas de succès véritable en dehors de la justice. Quand vous lui mettriez dans les mains ou sous les pieds, après toutes ces batailles, un empire qui commencerait à la Loire et qui finirait au Volga, que baigneraient les mers du nord de l'embouchure de l'Escaut jusqu'au golfe de Finlande, qui se mirerait dans les mers méridionales depuis Odessa jusqu'au golfe de Lyon, et dont le dernier des paysans parlerait la langue de Klopstock, il ne vous croirait pas ;— car il sait encore que les grands royaumes rêvés par les grands manipulateurs d'hommes n'ont jamais duré—ni le royaume de Salomon—ni le royaume de Cyrus—ni le royaume d'Alexandre—ni le royaume de César—ni le royaume de Mahomet—ni le royaume de Charlemagne—ni le royaume de Charles-Quint—ni le royaume de Napoléon. Il n'y a pas d'exemple de la durée de ces grandes conquêtes, et il n'y en aura pas, jusqu'à ce que par les progrès de l'esprit humain, et par la communion de tous avec l'idéal, la terre entière ne forme plus qu'un seul royaume qui sera le royaume de Dieu.

Haine de races, dit-on ! Quelle erreur ! Quel anachronisme ! Quelle courte vue des choses providentielles ! Voulez-vous une preuve évidente du contraire ? « La guerre est finie ! » ont crié vos soldats, en dansant et en jetant leurs armes, quand ils ont appris que Sédan se rendait et que l'Empereur était prisonnier ! Où est la haine là-dedans ? Ils avaient dans de ce cri instinctif le pressentiment de l'avenir, et leur cœur en savait plus long, en ce moment, que l'obstination du roi Guillaume. Si le Roi se fût arrêté ce jour-là, s'il eut dit à la France : « Je faisais la guerre à un homme « qui était plus votre ennemi que le mien, et qui vous « menait à la décadence et à la ruine par l'immoralité et « la corruption : cet homme n'existe plus politiquement. « J'ai accompli mon mandat de justicier—oublions cette « querelle—pardonnons-nous mutuellement le sang versé ; « donnons-nous loyalement la main ; et travaillons en-« semble à la civilisation ! » Si le roi Guillaume eut parlé ainsi, il eût assisté au spectacle le plus émouvant et le plus digne d'admiration qu'il ait jamais été donné à un mortel de contempler ; il eût vu deux nations ennemies, acharnées en apparence cinq minutes auparavant, se jeter dans le bras l'une de l'autre avec des cris d'amour, entonner l'hymne de la fraternité universelle, et proclamer sur le champ de bataille la paix définitive du monde.

Si le roi Guillaume eut fait cela, il eût été le plus grand homme des temps modernes, un des plus grands hommes de tous les temps. L'unité de l'Allemagne était fondée du coup, et il rentrait dans sa capitale non-seulement aux acclamations de son peuple, mais avec les bénédictions de l'Europe attendrie. Il n'a pas voulu voir cela ; tant pis pour sa gloire ; tant pis pour son empire ; tant pis pour son œuvre. Mais j'affirme, moi, que le prince Fritz eût agi de la sorte s'il eut été à la place de son père. J'affirme qu'il a dû conseiller cette politique grandiose, et qu'il est rentré sous sa tente, désespéré de ce qu'on ne l'écoutait pas, et en disant : " Quel malheur pour Fritz ! "

Si les événements se fussent décidés dans le sens opposé, si nous avions été à la place des Prussiens, et si nous avions fait le roi de Prusse prisonnier, j'ajoute que l'empereur Napoléon III eût fait spontanément pour la Prusse ce que je reproche au roi Guillaume de n'avoir pas fait pour la France.

Vous aussi, M. le Comte, vous avez dû donner ce conseil et saisir cette occasion de gagner le cœur du prince Fritz, tout en servant les véritables intérêts de votre pays—à moins que la continuation de la guerre ne vous fût fatalement commandée par des raisons d'ordre inférieur, par des raisons d'argent, et des nécessités matérielles. Ah ! si vous n'avez pas le moyen d'être sublimes, c'est une autre affaire, et il n'y a plus rien à dire. Si vous êtes des hommes d'affaires, si vous étiez à la veille de déposer votre bilan, si les guerres que vous avez soutenues, les préparatifs que vous avez faits contre nous depuis plusieurs années, si votre police et vos armements ont épuisé vos finances ; si vous n'attendiez que l'occasion d'un bon coup pour vous refaire, et si vous ne pouvez rentrer à la maison qu'avec une grosse somme qui vous remette au pair, si vous jouiez votre dernier écu sur cette dernière carte, si vous vous battez réellement pour la proie, comme le dit le vieux proverbe latin : " *Galli ad gloriam, Romani ad mercedem, Germani* " *ad prædam* "—bref, si c'est la faim qui vous a fait sortir du bois, c'est autre chose, et j'aime mieux cela. Vous n'êtes plus une famille de grands soldats, vous n'êtes qu'une bande de flibustiers, vous n'êtes plus des lions, vous n'êtes que des loups qui feront mentir le proverbe, et qui se mangeront bientôt entre eux. D'abord il n'est pas sûr que l'affaire soit aussi bonne que vous l'espérez et puis emportez notre argent, nous n'en manquerons jamais et nous avons autre chose en réserve.

D'aucuns prétendent qu'il n'y a pas d'autre raison à cette prétendue guerre de races, et que ces nuées de juifs qui suivent vos armées et à qui vos soldats vendent les bijoux de nos femmes et les jouets de nos enfants sont des créanciers que vous remboursez au pair et à mesure du gain ; et que les grands mots : unité de l'Allemagne, guerre patriotique, justicier de Dieu, sont de simples boniments de croupiers dévalisant des pontes—la roulette de Bade sur une grande échelle—c'est possible ; je ne le crois pas ; je ne veux surtout pas le croire ; j'aime mieux vous accuser d'ambition que de calcul, de haine que de spéculation, de vengeance que de vol ; et je vous dis aujourd'hui (20 Décembre 1870) : Arrêtez-vous—que ce soit ambition, commerce, haine, ou brigandage, rêve de suprématie ou besoin d'argent—arrêtez-vous, si vous voulez que la gloire et le profit de l'expédition vous restent—les choses vont tourner—vous avez dépassé la mesure. Dieu va perdre patience.

Or, ce que vous aviez à faire, je vais vous le dire, en admettant comme vous que vous aviez une mission providentielle à remplir.

Quand ce vieillard sanguin, impatient de renommée,

qu'on nomme Guillaume, tremblant de mourir sans avoir fait quelque chose de grand, s'est jeté sur nous en s'intitulant le justicier de Dieu, il a voulu faire croire (plagiaire d'Attila, son aïeul et son maître, qui s'était intitulé "Le fléau de Dieu") que Dieu l'avait choisi comme son instrument de justice et d'expiation. Je comprends le rêve du Roi, qui hier encore n'était qu'un tout petit prince, et à qui un homme de génie a fait croire qu'il pouvait être un grand homme, je comprends ce rêve: détruire la France, éteindre Paris. On est sûr, si l'on réussit, d'avoir une place dans l'histoire à côté du fléau déjà nommé. On se trompe d'époque, de moyens et de but, mais enfin, saccager, incendier, piller, fusiller avec tout le confortable des temps civilisés; venir sur le champ de bataille par le chemin de fer, en wagon capitonné, informer son épouse de ses victoires par la poste, glorifier Dieu par télégraphe, être un Attila de famille; c'est une idée originale, et qui pouvait éclore en effet dans la tête cahotique de ce vieillard halluciné.

Du moment que la guerre existe encore, que les hommes sont encore assez ignorants, assez fous et assez bêtes, non-seulement pour la faire, mais pour la glorifier, je comprends qu'étant un roi qui n'est bon qu'à ça, faire la guerre à ses voisins et que la faisant on essaie de mettre de son côté le plus de bonnes chances possibles.

Quand les siècles ont passé sur les catastrophes stupides, quand il a poussé beaucoup de blé sur toutes ces terres trempées de sang, l'historien philosophe tâche de découvrir pourquoi ces choses insensées ont eu lieu, et il cherche la main de Dieu dans toutes ces aventures, au grand étonnement d'autres philosophes qui se demandent pourquoi ce Dieu d'amour, de justice, de clémence, n'use pas de procédés plus doux pour conduire ses créatures à cette connaissance de la vérité que des philosophes d'une autre sorte nous promettent en son nom.

On explique alors que le libre-arbitre ayant été laissé à l'homme, le ciel est forcé de temps en temps de se manifester ainsi pour punir les hommes impies et sacriléges. D'où il résulterait que les habitants des terres de l'Alsace et de la Lorraine exterminés par sa majesté le roi Guillaume en 1870 sont toujours aussi coupables que ceux qu'Attila exterminait en 451, mais, d'où il résulterait aussi que ce premier châtiment n'a pas servi à grand'chose—ou que Dieu met beaucoup de temps à ce qu'il veut faire, ce qui s'explique d'ailleurs par l'éternité qu'il s'est dévolue et qu'il lui faut bien remplir. Ces raisons supérieures étant acceptées, rien de plus simple et de plus naturel, quand on se sent le plus fort, que de déclarer qu'on est le plus juste, et de tomber sur les autres peuples à bras raccourcis en leur disant : " Je " suis désolé, mais je ne peux pas faire autrement—je suis " le fléau—le justicier de Dieu;" après quoi, le triomphateur rentre chez lui, chargé de butin et de rapines.

Seulement, comme Dieu, le vrai Dieu, tient à prouver aux hommes qu'il n'est pour rien dans cette affaire et qu'on se sert de son nom sans sa permission, il fait crever Attila d'un abus de femmes et de vin, si bien que le fléau de Dieu après s'être présenté comme un saint, meurt comme un porc, et les philosophes sont forcés de trouver autre chose.

Ce qu'il y a de certain, c'est qu'il y a un Dieu, que ce Dieu nous mène quelque part, sans nous dire où, ni par quels chemins, et que pour ce Dieu les siècles sont des minutes, et les générations des grains de poussière. Maître de la vie éternelle, d'où il fait sortir, et d'où il fait rentrer les existences temporaires, c'est-à-dire les formes momentanées et variées dont il a besoin ici-bas, il n'a pas d'explications à donner, ni de comptes à rendre à sa créature, issue et dépendante de lui; mais il a établi dans l'ordre physique et dans l'ordre moral, des lois inscrutables, et il a donné à ladite créature une intelligence pour découvrir les unes, et une conscience pour comprendre les autres. Quiconque est en dehors de ces lois est dans ce qui ne peut être et rien de ce qu'il veut fonder ne doit vivre.

Cependant, tout homme qui veut s'imposer aux hommes, commence par déclarer qu'il connaît ces lois éternelles, et que c'est au nom du Dieu qui les a établies qu'il prétend au commandement et à la direction de ses semblables. Aussi le dernier chef de tribu comme le plus grand conquérant commence-t-il par invoquer son Dieu, quel que soit celui auquel il croit ou a l'air de croire, et par le compromettre si c'est possible avant de marcher au combat.

C'est même un des spectacles les plus risibles que puisse donner la folie humaine que celui de deux armées, composées d'hommes que Dieu a décrétés frères, demandant chacun à ce Dieu sa protection pour exterminer l'autre. Jugez, par le peu d'émotion que causent aux chefs et, après quelques mois d'habitude, au dernier des soldats, ces grandes tueries d'hommes, jugez de l'indifférence où elles doivent laisser Dieu qui les voit et les permet depuis des millions d'années. Les lois qu'il a établies à tout jamais, dérivent toutes de l'amour et de la morale, et la guerre n'ayant aucun rapport, ni direct ni indirect, avec la morale et l'amour, il n'est naturellement ni pour l'un ni pour l'autre dans ces boucheries inutiles.

Il est de toute évidence que Dieu dit aux hommes :

“ Je veux que vous soyez unis. Vous êtes tous de même “ origine, de même essence, et vous marchez tous vers le “ même but.

“ Maintenant, vous croyez que le meilleur moyen de “ finir par vous aimer est de commencer par vous haïr “ et qu’au lieu de vous embrasser tout de suite, il vaut “ mieux d’abord vous mettre en pièces ! Soit ! Que votre “ libre-arbitre ait carrière, je n’y suis pour rien. Je “ vous préviens seulement que pendant ce temps-là les “ décrets de ma providence continuent à s’accomplir et “ que la science humaine qui est un de mes moyens à “ moi va s’augmentant de jour en jour. Vous forcez “ par ce malentendu les hommes de science à chercher “ et à découvrir des moyens de destruction abominable, “ quand ils ne devraient être occupés qu’à perfectionner “ des machines de fécondation utile. Soit ! Vous serez “ détruits par milliers au lieu d’être détruits par cen- “ taines, vous serez détruits par millions au lieu d’être “ détruits par milliers ; et vous apprendrez à vos dépens “ que le principe des mondes c’est la vie et non la mort, “ et que la mort naturelle que je vous ai imposée indivi- “ duellement au bout de votre parcours terrestre, après “ une série de formes différentes, n’est elle-même qu’une “ des mille formes de la vie éternelle, à laquelle j’ai “ associé tout ce qui émane de moi, c’est-à-dire tout ce “ qui est, puisque rien n’est que par moi. Battez-vous “ donc, détruisez-vous donc, exterminez-vous donc, pour “ ce ruisseau ou cette montagne ; pour parler cette “ langue plutôt que celle-là ; pour avoir ce maître au lieu “ de cet autre ; pour cette erreur ancienne, ou cette “ erreur nouvelle ; mes décrets sont irrévocables ; vous “ ne pourrez jamais donner la mort autant que je donne “ la vie et vous n’irez jamais finalement qu’où je vous

“ mène ; gaspillez le temps que je vous prête, il viendra “ toujours se perdre dans mon éternité, comme les fleuves “ que je vous ai donnés, dans les grandes mers dont j'ai “ entouré votre globe. Sachez enfin que je ne suis ni “ pour l'un ni pour l'autre, quand vous vous abordez les “ armes à la main, mais que ma justice devant avoir son “ cours, puisqu'elle est une des lois éternelles, les hommes “ de paix et d'amour viendront toujours détruire à mon “ seul profit l'œuvre éphémère des hommes de conquête “ et de sang. Toutes les fois que vous verrez paraître “ César, préparez-vous à revoir Jésus.”

Ainsi parle Dieu à tout homme qui se recueille, qui gravit la montagne et qui vient l'écouter sur les hauteurs, au-dessus du bruit et du va et vient des petites passions humaines. Malheur à celui qui, placé sur un sommet, refuse de l'entendre, et n'invoque son nom que pour son ambition et ses appétits. Malheur au vieillard couronné qui (plus près de Dieu que les autres, et par le mandat qu'il a reçu, et par l'âge qu'il a atteint) n'a pas su s'arrêter, et qui ayant eu pour lui la politique qui a su prévoir, la force qui a su vaincre, n'a pas eu la sagesse, sans laquelle la politique et la force ne servent plus à rien.

Il y a dix-neuf cents ans César écrivait ceci dans ses *Commentaires :* “La nation des Suèves est la plus puis- “ sante et la plus belliqueuse de toute la Germanie. On “ dit qu'ils forment cent cantons, de chacun desquels “ sortent, tous les ans, mille hommes qui vont porter

“ la guerre au dehors. Les autres restent dans le pays, “ et le cultivent pour eux-mêmes, et pour les absents, et “ s'arment à leur tour l'année suivante. Les premiers “ reviennent dans leur patrie. Ainsi ni l'agriculture, ni “ la science, ni la pratique de la guerre ne sont inter- “ rompues. Sous un climat très-froid, ils ne sont “ accoutumés à se vêtir que de peaux dont l'exiguité “ laisse à découvert une partie de leur corps, et ils se “ baignent dans les fleuves. Ils reçoivent chez eux les “ marchands, plutôt pour vendre le butin qu'ils ont fait “ que pour rien acheter.”

Et plus loin :—“ Là étaient les Ménapiens, qui “ possédaient sur l'une et l'autre rive des champs, “ des maisons, des bourgs. Effrayés à l'arrivée des “ Suèves, ils abandonnèrent ce qu'ils possédaient “ au-delà du fleuve, et s'étant fortifiés en deçà, fer- “ mèrent le passage aux Germains. Ceux-ci après avoir “ tout essayé, ne pouvant passer, ni de vive force, faute “ de bateaux, ni à la dérobée, à cause des gardes, “ feignirent de renoncer à leurs projets et de retourner “ sur leurs pas ; mais, après une marche de trois “ journées, ils tombèrent à *l'improviste* sur les Ménapiens “ qui, *informés de cette retraite par leurs éclaireurs,* étaient “ rentrés sans crainte dans leurs bourgs. Les Suèves les “ taillèrent en pièces, prirent leurs bateaux, et passèrent “ le fleuve, avant que les habitants de l'autre rive eussent “ appris leur retour. Ils s'emparèrent de leurs demeures “ et se nourrirent le reste de l'hiver des provisions qui “ s'y trouvaient.”

César, instruit de ces événements, ne crut pas devoir se fier aux Gaulois dont il *connaissait le caractère léger,* avide de nouveauté. “On a l'habitude en Gaule de “ forcer les voyageurs à s'arrêter pour les interroger sur

" ce qu'ils savent ou qu'ils ont entendu dire. Dans les " villes le peuple entoure les marchands, les questionne " sur les pays d'où ils viennent et les presse de dire ce qu'ils " ont appris. *C'est sur ces bruits et ces rapports qu'ils " décident souvent les affaires les plus importantes ; ils " ne tardent pas à se repentir d'avoir agi d'après des " nouvelles incertaines et la plupart du temps inventées " pour leur plaire."*

Et plus loin : " *Toutes les villes de cette contrée se " rendirent sur-le-champ à Sabina ; car, si le Gaulois est " prompt à prendre les armes, il manque de fermeté " pour supporter les revers."*

Mais César dit aussi en parlant des Gaulois : " Ce " sont des hommes francs, peu portés à dresser des " embuscades, et habitués à combattre avec le courage, " non avec la ruse."

Rien n'est changé depuis 1,900 ans. Les Germains ont encore, ou peu s'en faut, la même organisation militaire et la même manière de faire la guerre. Le Gaulois, toujours muni des mêmes éclaireurs, a toujours la même promptitude à prendre les armes, la même facilité au découragement, la même disposition à écouter toutes les nouvelles qui le flattent, le même courage, et la même ignorance de la ruse et de la trahison. Quand vous nous avez appelé " Peuple léger," vous n'avez donc fait, M. le Comte, que dire la moitié de ce qu'avait écrit César ; et voilà pourquoi, au commencement de cette lettre, j'ai dû vous apprendre le reste. Mais depuis que César écrivait ces lignes quelque chose qu'il préparait sans le pressentir a passé sur les Germains et sur les Gaulois, sur l'Europe, sur le monde. Ce quelque chose c'est le Christianisme, qui n'a pas modifié les caractères, les types, les tempéraments, les influences du sol, du climat, du sang, des races—et les schismes sont là pour prouver ces divergences naturelles—mais qui nous a révélé, imposé à tous un idéal, inconnu jusqu'alors—dont nous ne nous dégagerons plus, quoi que nous fassions, car il est devenu la préoccupation inévitable, l'intérêt permanent de l'humanité pensante. Or, c'est chez nous —peuple léger, mobile, curieux, aussi prompt au découragement qu'à l'enthousiasme, loyal, brave, et franc— que l'idée chrétienne a eu ses phases les plus diverses, couru les aventures les plus contraires, et finalement atteint son plus haut développement ; car c'est aussi chez nous, peuple remué sans cesse par une invisible charrue, qu'elle a déposé les germes les plus féconds. Elle donne une victoire à Clovis, une auréole à St. Louis, une couronne à Henri IV ; c'est en vain que la St. Barthélemy l'ensanglante, que l'Inquisition la déshonore, que la révocation de l'édit de Nantes la compromet, que Voltaire lui arrache ses voiles, et que la Révolution lui coupe la tête. Elle reparaît toujours, invulnérable, éclatante, sacrée. Elle ne peut être submergée, quelle que soit la tempête, parce qu'elle porte bien autre chose que César et sa fortune, elle porte une vérité définitive, qui luira en lettres de feu au-dessus des événements et des siècles, jusqu'à ce que les hommes en aient fait le principe et la base de la vie terrestre, vérité qui est : " Aimez-vous les uns les autres." Fouillez toutes les religions, toutes les philosophies, toutes les littératures, vous ne trouverez rien qui vaille ces six mots dont le plus long n'a que deux syllabes ; aussi rien ne pourra naître ni subsister dans le monde, qui n'aura pas cette vérité pour point de départ, pour point d'appui, pour point d'arrivée, et pour point central. C'est à la fois l'axe et l'atmosphère de l'âme humaine ; c'est par là qu'elle se rélie à l'Éternel et qu'elle évolue dans l'Infini. Eh bien, cette vérité que Jésus a inaugurée sur la terre, c'est nous qui l'avons recueillie et qui avons reçu mission de la propager, et de l'imposer aux hommes. Car nous sommes le peuple chrétien par excellence, et voilà pourquoi nous avons proclamé les premiers la Liberté, l'Égalité, et la Fraternité. Et quand l'Église a appelé la France "la fille aînée de l'Église," elle savait bien ce qu'elle disait, car nous sommes non-seulement le peuple le plus chrétien, mais le plus catholique qui soit; catholique non à la façon de Philippe II, mais à la façon de Louis IX; et tous les réformateurs à commencer par votre Luther, et tous les libres-penseurs à finir par votre Strauss, peuvent invoquer le bon sens, la logique, l'histoire, vous pouvez nous écraser sous vos canons et vos livres, vous ne ferez pas que cela ne soit et ne doive être toujours de plus en plus.—Toute la raison et toutes les raisons de l'homme n'y pourront rien; il y a là un foyer qui ferait fondre les glaces du pôle; et le rire même de Voltaire y est devenu grimace. Nous sommes tellement chargés de tenir au-dessus de l'univers l'idée chrétienne dans sa totalité que, vous le voyez, nous n'essayons jamais de la modifier, même au milieu de nos plus grands excès et de nos plus grandes révoltes. Chez nous, elle est en dessus ou en dessous, mais toujours intacte. Nous fermons nos églises, nous décapitons nos prêtres, nous décrétons la fin de Dieu, mais il ne nous vient pas à l'esprit de la corriger, d'y faire des annotations et des ratures et de mettre de l'eau dans le sang divin dont nous nous enivrons depuis près de dix-huit siècles. — Quand l'Idée reparaît, elle reparaît ce qu'elle était auparavant, et elle ne tarde jamais longtemps à reparaître. — Si rationnel, si compréhensible, si propret que soit votre protestantisme, rien ne nous le fera accepter, et plus il voudra nous convaincre, plus il nous sera antipathique—avec ses temples nus et froids qui ressemblent à des gares, et les ministres à favoris et à lunettes qui ressemblent à des greffiers.

Il faut à notre cœur et à notre imagination un idéal que contient seul le christianisme catholique ; il nous faut non-seulement le Dieu de la crèche et du Calvaire, mais il nous faut le Dieu des mystères et des cathédrales, des vitraux, des cloches, des fleurs et de l'encens.—On ne commente pas l'Évangile comme le Code, on ne le résout pas comme une équation.

L'origine, la marche, l'harmonie, le but et la fin des mondes, sont un mystère impénétrable dans une éblouissante clarté. Il faut aux hommes une religion symbolique, mystérieuse et impénétrable, comme tout ce qui les entoure. L'être qui tient la première place dans l'échelle des êtres, ne sachant pas encore comment il naît, comment il vit, comment il pense, comment il aime, comment il se nourrit, comment il dort, comment il meurt—cet être, mystère pour lui-même, au milieu de tant de mystères, a soif d'une religion qui ne soit qu'un mystère poétique, consolant, avec ses horizons ondulants et vagues, ses alternatives de ténèbres et de lumière, sa morale absolue et ses hypothèses sentimentales, ses contemplations et ses extases, ses dogmes surnaturels et son culte pompeux, son insatiable amour, et sa charité inépuisable et passionnée. Dépouillée de ses mystères et de ses emblèmes, une religion n'est plus une religion, c'est une doctrine à laquelle le premier rhéteur venu peut en substituer une autre.

L'esprit peut s'y mouvoir et s'en contenter, l'âme y étouffe. L'âme a moins besoin de vérité que d'idéal.

Une femme qui fait métier de son corps est une prostituée qu'il faut exclure de la famille et de la société. Voilà une des vérités absolues, non-seulement de l'esprit mais de la morale—et nous élevons des autels à cette ancienne prostituée qu'on nomme Marie-Madeleine ! Que devient votre vérité absolue ? L'idéal a passé par là ; la vérité a disparu et la courtisane est devenue une sainte.

Or, après avoir donné au monde étonné, épouvanté, émerveillé, le spectacle de la plus grande et de la plus rapide puissance qui ait jamais existé par la guerre, de 1792 à 1812, voilà qu'il nous est entré dans l'esprit, ou plutôt dans l'âme, que la guerre était non-seulement immorale mais inutile, et qu'il fallait décidément s'aimer au lieu de se haïr, se secourir au lieu de se combattre, et nous nous sommes mis à proclamer l'alliance des peuples et la fraternité des hommes, sans nous soucier, je l'avoue, en quoi cela pouvait gêner les rois—nous n'avons plus combattu que pour une idée supérieure, jamais pour un intérêt privé.

Si nous abandonnons aujourd'hui l'Empereur, ce n'est pas parce qu'il a rendu son épée et avec elle une armée de 80,000 hommes à Sédan—il n'a fait cette reddition que pour mettre fin à la guerre et (en admettant qu'il n'a jamais aimé la France, ce qui est inadmissible) j'affirme qu'il l'a aimée ce jour-là, et qu'il a cru se sacrifier pour elle—si nous abandonnons l'Empereur, c'est parce qu'il a fait une guerre d'intérêt mystérieux antérieurement à celle-ci—la guerre du Mexique. Vaincu et prisonnier pendant la guerre d'Italie, qui était une guerre d'idée, nous n'aurions vu en lui qu'un soldat malheureux; nous ne l'aurions pas abandonné. Ce n'est donc pas l'homme de Sédan, comme on dit à tort, que vous nous avez pris —c'est l'homme de Queretaro.

Une fois pris de ce besoin, de cet amour de la paix nous nous y sommes livrés comme nous nous livrons à tout, sans mesure et sans réserve. Nous décidions, nous autres Français, que la guerre était absurde, il ne devait plus y avoir de guerre et tout le monde devait être de notre avis, puisque, il faut bien le dire, c'est nous depuis des siècles qui pensons pour le monde. Aussitôt transformant nos soldats et nos laboureurs en ouvriers de toutes sortes, nous avons évoqué et fait brusquement sortir de terre cette monstruosité qu'on appelle Paris, et nous y avons pendu cette cremaillère qu'on appelle l'Exposition de 1867, à laquelle nous avons convié tous les peuples de la terre. Tous les oisifs, tous les libertins, tous les curieux, tous les intérêts, toutes les haines, toutes les passions mâles et femelles, ont fait irruption chez nous; et fleuves, rivières, torrents, ruisseaux, égouts, sont venus verser dans notre sein leur boue, leur limon, leur fange—notre air s'est empoisonné! et nous avons commencé à nous corrompre et à nous dissoudre à la surface. Ainsi cette nation française, réveillée tout-à-coup en '92, par la Marseillaise, se levait maintenant le matin sur l'air de "Partant pour la Syrie," et baillait le soir sur l'air de "Bu, qui s'avance!" Quel moment propice! Quelle occasion pour des voisins attentifs et ambitieux.

C'est alors que vous, les protestants—les hommes de la preuve et du fait, les chrétiens par A—plus B—

c'est alors que vous vous êtes fait signe, en vous disant tout bas : “ Quel coup à faire au nom de l'évangile et de “ la philosophie, d'Abel et de Caïn réconciliés pour cette “ circonstance ! ” Et vous avez fourbi vos armes, exercé vos soldats—les Germains aux pieds pesants, ruminants et soumis, portant le casque à pointe, comme les bœufs portent le joug, et marchant comme eux, lourdement, patiemment, jusqu'au bout du sillon. Vous avez sacrifié tout ce qui était plaisir, vous avez éteint tout ce qui était lumière, vous avez suspendu tout ce qui était civilisation, et vous avez fait des canons, des canons, et encore des canons, derrière un grand rideau de sourires et d'amitié. Pendant ce temps-là, vos espions se glissaient chez nous par tous les petits chemins, comme des fourmis prévoyantes chez l'imprévoyante cigale qui avait trop chanté ; et nous les accueillions, ces amis de l'autre rive, et nous leur laissions voir ingénûment par où ils pourraient nous frapper.

Peuple léger—soit ! Mais alors, quel peuple êtes vous donc, vous ? Et quand vous avez été bien renseignés, bien préparés, vous avez fait naître un prétexte, vous avez tiré le rideau, et vous vous êtes rués sur nous en disant à vos alliés : “ C'est bien convenu, n'est-ce pas— “ vous nous laisserez faire ? nous allons vous débarrasser “ de la France ! ”

Est-ce bien vous, Monsieur Otto, comte de Bismark, grand homme politique, qui avez pu vous tromper ainsi ? Quoi ! vous n'avez pas vu que ce n'était pas la mort, mais la résurrection que vous nous apportiez !

Nous étions, selon vous, en pleine décomposition, en pleine décadence, en pleine pourriture, et vous ne nous laissez pas agoniser et mourir tranquillement sur notre fumier, sans vous déranger, sans verser le plus pur, le plus noble, et le plus cher de votre sang ! Comment ! nous venions de nous livrer de nouveau à l'homme qui devait achever de nous démoraliser et de nous détruire ; il allait, dans quelques années, nous livrer à une femme et à un enfant, c'est-à-dire à la guerre civile, et vous n'avez pas su attendre ! Nous avions perdu la notion des choses vitales, nous méprisions le sol, nous ne voulions plus le cultiver, et voilà que vous foulez ce sol sous les pieds de vos chevaux, et voilà qu'il nous redevient sacré ; nous voulons le reconquérir, nous recommençons à le comprendre, à l'aimer, et nous lui demandons pardon— en l'arrosant de notre sang—de notre longue ingratitude ; nous lui jurons fidélité, et nous lui promettons pour la saison prochaine les plus belles moissons, qu'il aura jamais portées ! Nos fils couraient les cercles, les cabarets, et les mauvais lieux, voilà que vous nous forcez d'en faire des hommes, des citoyens, des soldats, en vingt-quatre heures, et de leur souffler tout-à-coup l'amour de la patrie et de la gloire. Ce besoin d'action qui les tourmentait et les jetait dans les passions désordonnées, vous nous forcez de la concentrer dans la plus noble des passions, la passion de la justice. Les courtisanes nous dévoraient et nous abrutissaient ! Grâces à vous, nous les expulsons, nous les jetons sur la grande route, et c'est vous qui les recueillez. Grand bien vous fasse !

Nos femmes commençaient à s'ennuyer du devoir, à se lasser de la famille, à déserter le foyer, à douter de l'amour, voilà que vous les changez subitement en mères, qu'elles tremblent d'abord, qu'elles s'exaltent ensuite, à l'idée qu'on va leur tuer leurs enfants, et les voilà qui travaillent, qui pleurent, qui comprennent, et qui se rapprochent de l'époux et du père dans une étreinte solennelle et religieuse.

Enfin, nous nous disposions à ne plus croire en Dieu, pour passer un moment, et voilà que vous nous faites tant de mal au nom du vôtre, que vous êtes si déloyaux, si implacables, si lâches au nom du vôtre, que tous les pères, toutes les mères, et tous les enfants recommencent le vœu de Tolbiac, qui va être écouté de nouveau.

Voilà ce que vous avez fait déjà pour nous dans l'ordre moral. Voyez ce que vous avez fait dans l'ordre matériel.

Admirable logique des choses qui doivent arriver à l'encontre des combinaisons humaines réputées les plus ingénieuses et les plus profondes.

Quelle était notre nouvelle mission sur la terre, à nous, nation française en perpétuel travail d'enfantement ?—C'était de supprimer la guerre, de renverser les gouvernements absolus, — de fonder la liberté, et de préparer le royaume de Dieu—c'est-à-dire la fraternité universelle.

Qu'est-ce qui s'opposait à l'accomplissement immédiat de cette mission ?

Nos vieilles traditions militaires, représentées par une armée que nous vantions toujours — mais avec laquelle nous n'avions aucun lien intime parce qu'elle avait servi à un coup d'état, et qu'on nous en menaçait encore chaque fois que nous voulions faire un pas en avant.

Nos vieilles traditions monarchiques, représentées par l'Empereur que nous avions élu d'acclamation parce qu'il nous avait promis l'ordre à l'intérieur, la paix à l'extérieur, et en haine et en mépris d'une république qui avait été sanguinaire en 1793 et impuissante en 1848.

Nos vieilles traditions sociales, qui maintenaient encore l'orgueil des classes et des races, malgré l'égalité apparente que la Révolution et l'argent semblaient avoir créée.

Que fallait-il donc pour que nous pussions accomplir notre évolution providentielle et y entraîner le monde ?— Il fallait : que l'armée qui avait servi au despotisme—les chefs surtout—se transformât ou disparût.

Il fallait que la nation que l'on avait désarmée dans la crainte qu'elle ne renversât un jour le souverain et la dynastie, devînt l'armée elle-même, et reconquît ainsi la santé, la virilité, la liberté qu'elle avait perdues.

Il fallait que le gouvernement personnel, l'hérédité aléatoire, la politique mystérieuse, la diplomatie occulte, les combinaisons secrètes que la nation payait de son argent, de son honneur, et de son sang, fussent anéantis dans une telle preuve d'impuissance que l'on ne songeât plus jamais à y revenir.

Il fallait que l'instruction se répandît sur tous, obligatoire et gratuite comme l'air que l'on respire, et la lumière qu'on voit ; il fallait que ce peuple français qui remue toutes les idées, pût les exprimer sans contrôle, librement, par la presse, par la tribune, par le théâtre, par le livre, par l'école ; il fallait que la liberté se fondât, non pas comme en Amérique et en Angleterre, dans une langue que parlent seuls les intérêts matériels—ici au profit d'une aristocratie de race, là au profit d'une aristocratie de négoce—mais dans notre langue, qui est la langue du monde entier, puisque l'intelligence du monde entier vit de notre littérature originale ou traduite ; et qu'elle se fondât cette liberté vraie, dans un pays continental dont chaque mouvement est une commotion pour les peuples voisins.

Il fallait enfin que la morale, la justice, la charité, la solidarité—le christianisme en un mot, sans les excès de la papauté, et sans les amoindrissements du Luthérianisme, le vrai christianisme, celui de Jésus, de St. Paul, de St. Jean, ressuscitât sur cette terre d'élection et se répandît sur le monde.

Voilà ce qu'il fallait! Combien de temps aurait-il fallu aussi pour que ces choses arrivassent, à travers les mœurs, les habitudes, les traditions, les antagonismes, les ambitions des partis, le mauvais emploi que l'on faisait du pouvoir, de la religion et de l'armée — à travers l'ignorance, la paresse, l'égoïsme, l'immoralité, les appétits de la masse, et malgré cette terreur dans laquelle nous étions adroitement maintenus du spectre de '93, inséparable pour nous du mot république.

Il eût fallu un siècle au moins.

Grâces à vous, Monsieur le Comte, nous aurons eu tout cela en six mois.

Cette transformation radicale, inespérée—notre salut —c'est à vous que nous le devons. Chacun de vos succès (voyez un peu les mystérieux décrets de la Providence), chacun de vos succès est un triomphe pour nous—chacune de nos défaites est une victoire pour la civilisation.

Vous nous prenez Sédan—et avec Sédan l'Empereur, l'Impératrice, et le Prince-Impérial—c'est-à-dire que vous nous enlevez tous nos remords du passé, toutes nos inquiétudes dans le présent, tout le danger de l'avenir.

Vous nous prenez Metz—et vous dispersez et déshonorez à tout jamais les chefs qui avaient fait, l'un le Mexique, l'autre le 2 Décembre, et qui rêvaient tous deux, sinon une restauration des choses que nous ne voulons plus, du moins l'empêchement des choses que nous voulons, et toutes vos combinaisons aboutissent à nous prendre à Strasbourg, à Sédan, à Metz, trois cent cinquante mille hommes, valides, sains et saufs—qu'il faudra nous rendre ou qui s'échapperont un jour ou l'autre, ou qui vous annihilent les 80,000 hommes qui les gardent, et qui vous ont couché sur le champ de bataille, trois cent mille des vôtres.

Enfin, vous investissez Paris, dont vous comptiez que la guerre civile allait vous ouvrir les portes, et depuis trois mois, non-seulement les portes ne se sont pas ouvertes, mais les impatients, les traîtres et les fous sont comptés, vaincus, ralliés, soumis. Ce n'est pas tout. Cette ville du luxe, du plaisir, de la débauche, de l'oisiveté, du bavardage, s'est fait économe, recueillie, continente, active, silencieuse. Les deux millions d'individus que vous enfermez les uns avec les autres, et qui hier encore se haïssaient, se dévoraient, se méprisaient, se menaçaient, au nom des castes, des intérêts, des idées, des ambitions, voilà qu'ils montent la garde ensemble, qu'ils couchent sur les remparts ensemble, qu'ils marchent contre vous ensemble—qu'ils souffrent ensemble, qu'ils ont faim ensemble, qu'ils portent le même costume, qu'ils s'asseient à la même table, qu'ils mordent au même morceau de cheval, qu'ils n'ont plus qu'un besoin—la liberté ; qu'un amour—la patrie ; qu'une haine—vous.

Voilà qu'ils comprennent enfin qu'il n'y a plus de races, plus de rang, plus de priviléges, plus de préjugés ; qu'il n'y a plus que le courage, la volonté, l'énergie, la valeur personelle, et au-dessus de tout cela, quelque chose qu'il ne faut plus appeler le hazard—c'est le mot des ignorants ; ni la fatalité—c'est le mot des maladroits : qu'il faut appeler l'harmonie, la Providence, l'idéal! Voilà qu'ils font la plus rude école, et en même temps, la plus noble, et la plus efficace de cette liberté, de cette égalité, et de cette fraternité, dont ils riaient ou dont ils s'épouvantaient hier. Voilà que, dans ce grand creuset qu'on nomme Paris, tous les éléments se transforment et se combinent à cette heure pour une existence nouvelle, et vous regardez depuis trois mois la flamme et la fumée de cette immense chaudière sans oser, sans pouvoir vous en approcher—ce qui est un échec véritable. Quand on s'est déclaré "le Justicier de Dieu," il ne faut pas s'arrêter si longtemps devant la ville qui méritait le plus d'être châtiée ; il faut y entrer coûte que coûte, tout de suite, à la troisième sommation, enseignes déployées, tambour battant, comme nous sommes entrés à Berlin en 1806.

Quand on a la prétention d'être Attila, on peut reculer devant la houlette de Ste. Geneviève, ce n'est que de la superstition ou du respect, mais on ne s'arrête pas devant les canons du Mont Valérien—c'est de la peur.

Et vous appelez cela humilier les Français et anéantir la France. Quelle erreur!

Savez-vous ce que vous avez fait à côté et à l'encontre de ce que vous vouliez faire. A force de nous faire replier de Vissembourg sur Metz, de Metz sur Nancy, de Nancy sur Châlons, de Châlons sur Sédan, de Sédan sur Paris, vous avez fini par nous faire replier sur nous-mêmes. C'est une faute de nous avoir menés si loin. Vous nous avez renfermés dans une place imprenable, nous sommes dans la forteresse éternelle, nous sommes dans *la conscience.*

Voilà ce que vous n'aviez pas prévu, ce que vous ne pouviez pas prévoir. C'était là que vous attendait notre Dieu qui ne communique pas ses desseins au vôtre. Vous n'avez traité la question qu'en politique, M. le Comte, quand il fallait la traiter en religieux, et vous n'avez envisagé les choses que du point de vue humain, quand il aurait fallu vous placer au point de vue providentiel. C'est pourquoi vous n'avez été que le dernier grand homme de ce qui ne doit plus être, au lieu d'être le premier grand homme de ce qui va venir ; enfin, vous avez fait un anachronisme, et vous avez crié le *Delenda Carthago* de la Rome antique quand les sociétés demandent le *Fiat Lux* de la Rome chrétienne ; vous avez fait naître, et—c'est votre châtiment qui commence—vous voilà forcé de pousser au-delà de toute mesure une guerre barbare, injuste, puisqu'elle se fait au nom d'une rancune et d'une ambition, malgré les grands mots dont vous la couvrez ; vous n'êtes déjà plus maître de la situation que vous avez déchaînée ; les freins se sont brisés dans vos mains; vous êtes emportés dans la descente. Il faut que vous alliez jusqu'au bout, il faut que vous nous exterminiez ou que vous fassiez exterminer les vôtres jusqu'au dernier homme, et pour vous couvrir encore, vous dites : " C'en est " fini des races latines. L'avènement des races du nord " est venu." Des mots ! Des mots ! Cette race latine, cette race de l'idée est si puissante, elle a dans l'humanité des racines si profondes que la voilà déjà, toute vaincue qu'elle est en apparence, qui enveloppe votre race victorieuse à la surface, et qui l'entraîne comme ces herbes sous marines qui enserrent les membres des meilleurs plongeurs, et les attirent et les noient au fond de l'eau. Vous resterez dix ans devant Paris, dites-vous encore, comme les Grecs devant Troie. Je vous ferai observer que les races latines, dont vous faites fi, ne restaient pas dix ans devant Jéna, et que c'était l'affaire d'un mois de détruire ces armées des races du nord auxquelles vous promettez tout-à-coup la domination définitive du monde. Des mots ! Des mots ! Des mots ! bons pour ceux qui ne savent ou qui ont oublié ! Vous voici déjà dans la littérature où nous étions il y a six mois encore ; la vérité est que vous êtes encore plus nos prisonniers que nous ne sommes les vôtres, et que si vous ne faites pas la paix, malgré le désir que vous en avez, C'EST QUE VOUS NE POUVEZ PAS LA FAIRE.

Vous êtes cernés, sinon dans l'ordre matériel, du moins dans l'ordre politique, par le contre-courant qui s'est établi, à l'insu de toutes vos prévisions, dans les événements de cette guerre, contre-courant qui nous a apporté une conquête morale à chaque conquête matérielle que vous réalisiez, si bien qu'à cette heure nous sommes le peuple le plus vaincu et le plus triomphant du monde, puisque vous nous avez apporté la plus puissante alliée que nous puissions avoir, celle que vous êtes toujours venus combattre chez nous depuis quatre-vingts ans, celle que vous redoutez le plus, celle qui est appelée à vous vaincre et à nous venger—la République. Vous ne pouvez donc retourner chez vous, vous qui proclamez devant l'univers le principe du gouvernement absolu, vous ne pouvez donc retourner chez vous que lorsque vous pourrez dire aux rois de l'Europe, dont vous vous êtes fait le garde-couronnes : " Soyez tranquilles, " ils sont retombés en monarchie comme nous tous, il " n'y a plus rien à craindre." Il s'agit donc de nous anéantir complètement, ce qui est impossible—ou bien alors de nous lasser et de nous épuiser jusqu'à ce que, pour en finir, nous nous rejetions dans les bras d'un prince quelconque, c'est-à-dire que nous acceptions un gouvernement qui se liquide toujours chez nous par la trahison ou l'imbécillité. Cela ne sera pas. La première pensée ou plutôt l'arrière-pensée de la France, après le désastre de Sédan, la chûte de l'Empire, et la proclamation de la République, a été en effet, de remettre ses destinées à cette famille d'Orléans, dont tous les hommes sont braves, dont toutes les femmes sont chastes, selon l'heureuse expression d'un député libéral, et qui nous auraient apporté les moyens de faire la paix, sur ce que vous appelez des bases solides ; eh bien, on sent que la France revient déjà de cette idée, qui ne pouvait être qu'un palliatif, et qu'elle s'est dit : "Oui, ce sont des "hommes honnêtes et braves, mais ce sont des hommes, "comme les autres, ils subiront leurs amis d'autrefois, "leurs idées personnelles, et l'influence de la politique "traditionnelle des rois, sous peine de guerres conti- "nuelles. Comme les autres ils vieilliront et s'affaibliront, "et il faudra attendre, souhaiter, avancer peut-être leur "mort, pour laisser circuler les idées. Puisque nous "sommes en république, essayons d'y rester. Après tout, "il est temps, quand depuis tant de siècles on paie de "son argent, de son sang, du sang de ses enfants, "les fautes de ces gouvernements—il est temps, après la "plus rude liquidation que nous ayons eue en ce genre, "de reprendre la direction, le gouvernement, et la res- "ponsabilité de nous-mêmes. Les règnes d'un homme "sont finis ; le règne de l'homme commence. Assez de "princes ambitieux, menteurs, incapables, ou fous. Nous "ne pouvons pas être plus malheureux que nous sommes. "Tant pis. Vive la République ! C'est la guerre civile,

“ dit-on. — Soit. Nous nous sommes bien défendus
“ contre les Prussiens, nous nous défendrons bien contre
“ les gamins de Belleville, les voraces de Lyon, et les
“ assassins de Marseille. Essayons.”

Et l'on va essayer. C'est à partir de ce moment que vous serez perdue, vous, monarchie prussienne, et vous toutes, les monarchies de l'Europe. La République française—vous le savez bien—si elle dure dix ans sans excès et sans discordes, c'est la République européenne, c'est le monde entier républicain.

Est-ce cela que vous vouliez ? Est-ce cela que vous avez prévu ?

Non.

C'est ce qui sera cependant.

Savez-vous ce qu'il aurait fallu pour que nous fussions effacés du nombre des grandes nations, pour que nous devinssions ce que vous voudriez nous voir devenir, une puissance de second, de troisième ordre ?

Il aurait fallu que nous fussions vainqueurs dans cette dernière guerre.

Les soldats victorieux, nous ramenaient l'Empereur triomphant, reconstituaient l'Empire rayonnant à la surface, pourri au centre. L'imprévoyance, l'incapacité, le mensonge, l'immoralité, la corruption, se donnaient de nouveau, et plus que jamais, carrière à l'ombre de ces lauriers facilement cueillis, et nous nous écroulions un beau jour, minés et détruits par nous-mêmes, comme un vieil édifice dont on a rebadigeonné la façade sans en réparer les fondations. C'est ainsi que meurent les nations qui ont fini.

Heureusement, nous avons été vaincus, pour commencer ; nous avons perdu des milliers de nos enfants, dont les noms seront gravés en lettres d'or sur tous les monuments de nos places publiques; car jamais l'histoire avec laquelle vous allez avoir à compter, ce qui ne sera pas peu de chose—car elle n'aura ni un trait d'héroïsme, ni un acte de générosité, ni même un grand fait d'armes à raconter de vous,—puisque vous n'avez vaincu que par le nombre, l'espionnage, la ruse, la cruauté, les représailles monstrueuses, l'assassinat, l'incendie, le vol, et la rapine—l'histoire n'aura jamais à enregistrer, du côté de la France, plus de loyauté, plus de noblesse, plus de simplicité dans le courage, dans le dévouement, dans la mort.—Nous aurons perdu bien des enfants (d'autant plus admirables qu'ils sont morts pour une faute qui n'était pas la leur) ;—nous leur ferons de belles funérailles qui ne consoleront pas leurs mères, mais qui immortaliseront leurs noms ;—et puis nous n'aurons d'autre souci que de les venger—et nous les vengerons bien, je vous assure, et tout autrement que vous ne croyez.

Car non-seulement vous nous aurez apporté, à votre insu, la liberté que nous ne savions pas nous donner nous-mêmes, mais vous nous aurez appris ce que vous savez si bien, la seule chose que vous sachiez peut-être, et dont nous ne nous doutions pas—vous nous aurez appris la haine, non pas cette haine purement d'amour-propre et de politique que vous nous aviez vouée après Jéna, et qui peut être assouvie par une victoire, mais cette haine implacable qui fait partie du sang, des os, de l'âme, du pain que l'on mange, de l'air que l'on respire et que tout alimente et renouvelle. Ah! comme nous allons vous haïr! et vous savez avec quel entrain et avec quelle ardeur nous faisons les choses nouvelles. C'est là que vous verrez la souplesse de cette race latine que vous méprisez tant. Nous allons vous bannir de nos familles, de notre sol, de notre regard; votre nom ne sera plus le synonyme seulement de barbare et de meurtrier, nous en ferons le synonyme de Tartuffe et d'Iago; nous ne voudrons plus de vous, ni pour amis, ni pour associés, ni pour fournisseurs, ni pour ouvriers, ni pour valets—quoique vos officiers eux-mêmes s'entendent si bien à ce métier; et si l'un de vous, parvenu à se glisser dans notre maison, se roule de désespoir, sous nos yeux, devant sa mère ou sa fille mourante, nous le regarderons en riant et nous dirons : " Malice de mouchard, ruse d'es- " pion." Toutes les fois que nous aurons à mettre dans un récit, dans un roman, dans un drame un voleur, un escroc, un ruffian, nous le ferons venir de la Bavière, du Wurtemberg, de la Hesse, de la Saxe, du duché de Bade, il sera Prussien; et comme c'est nous qu'on lit, comme c'est nous qu'on écoute, comme c'est nous qu'on croit, nous vous déshonorerons d'avance dans la mémoire des générations à venir; nous maudirons celle de nos filles qui portera le nom d'un de vos fils, et l'infamie de nos prostituées ne commencera plus qu'au contact de l'Allemand.

Cependant, s'il fallait que la nation française fût assez légère, selon l'expression de César et de M. de Bismark, pour oublier un jour et vous pardonner—honte sur elle, et gloire à vous, qui l'aurez si bien connue et qui aurez voulu détruire un tel peuple, opprobre de la race humaine; alors revenez au plus tôt,—repassez le Rhin sur vos bateaux légers, — traversez nos champs sur vos chevaux rapides, étreignez nos villes de vos canons formidables,—anéantissez-nous jusqu'au dernier, un pareil peuple doit disparaître du globe.

Cela ne sera pas ainsi ;—et comme notre haine serait partiale et incomplète, si nous étions seuls à vous haïr et à vous mépriser, il faut que vous soyez haïs et méprisés des autres, il faut que vous vous soyez en horreur à vous-mêmes, jusqu'au jour où vous vous rallierez à notre principe nouveau, et où vous viendrez nous dire, en jetant au vent les cendres de vos faux grands hommes, et en vous agenouillant : "Frères, pardonnez-nous ; " nous ne savions pas ce que nous faisions."

Et je vais vous dire comment ces choses arriveront.

L'Europe, évidemment, ne vous pardonnera pas la nécessité où vous l'avez mise de regarder, sans rien dire, cette abominable boucherie ; elle ne vous pardonnera pas la honte de son impuissance et l'ambition colossale et insolente que vous avez laissé paraître. Pour enchaîner la Russie, vous lui avez promis du côté de l'Orient plus que vous ne pourrez lui donner ou lui laisser prendre : vous avez berné ainsi l'Angleterre, qui ne peut pas se douter du mépris que vous avez pour elle, et de ce que votre politique lui réserve ; elle le saura bientôt : et vous savez comme elle hait, elle aussi, quand elle s'y met ; vous avez humilié l'Autriche et le Danemark, qui vous haïssent déjà depuis longtemps ; et en mêlant dans cette guerre la religion à la politique, vous avez ameuté contre vous toute la Catholicité, qui ne veut pas de la prédominance dans le monde du Dieu de M. de Bismark et du roi Guillaume. C'est une mauvaise adversaire que l'Église catholique, je vous en préviens. Règle générale : N'ayez jamais contre vous les hommes qui ont le droit de parler tout bas aux femmes, en dehors du père, de la mère, du mari et du fils.

Voilà ce qui vous entoure, vous guette et vous menace. Voilà le danger extérieur ; voyons le danger du dedans. Il est plus grand, plus imminent, plus certain que l'autre.

D'abord vous n'êtes pas un peuple, vous n'êtes pas une nation, vous êtes des groupes, de races, de types, d'idiomes, de cultes différents, groupes juxtaposés et collés à la hâte pour la confection spontanée d'un empire allemand, déguisé sous le nom d'unité allemande. Pas d'homogénéité, pas de lien, pas d'unité par conséquent. Le fictif sur lequel nous vivions en organisation militaire est le même chez vous en organisation politique. Certes, c'était une assez bonne idée de battre l'Autriche devant l'Europe silencieuse en 1866, comme elle l'est encore aujourd'hui, grâce à certains traités secrets, de coudre à son manteau les petits états du sud ; c'est une bonne idée de prendre de l'or dans la caisse de ses amis, pendant qu'ils ont le dos tourné, et de leur casser la tête s'ils sont assez maladroits pour se retourner trop tôt, mais si l'on réussit quelquefois, on ne réussit pas toujours ; c'était encore une autre bonne idée, pour prouver à ces petits états combien l'union fait la force, de leur promettre l'abaissement de la France sous leurs efforts réunis, et une augmentation de territoire après la guerre, par l'annexion cette fois, de deux et peut-être de trois provinces françaises ; enfin, c'était une excellentissime idée—du moment que la Bavière, la Saxe, la Hesse, le Wurtemberg, le duché de Bade, leur population et leurs princes abondaient dans le sens de cette politique—c'était une idée excellentissime et triomphante de placer au premier rang sur les champs de bataille les soldats de tous ces petits pays, et, sous l'ingénieux prétexte qu'ils seraient ainsi les premiers à la gloire, de les placer les premiers aux coups. Faire tuer par l'ennemi tous les mâles des pays que l'on veut s'approprier, de manière qu'il n'y ait plus personne pour mettre obstacle à cette appropriation ; c'était là une de ces joyeuses malices qui devaient tenter la cervelle de M. de Bismark, le plus rusé des Germains et de toute la race du nord, et nous avons vu qu'il ne s'en est pas fait faute ; mais tout a un terme, même la malice du grand chancelier ; et si disciplinés, si brutaux, si massifs, si bêtes que soient ces buveurs de bière, ils commencent à supposer, le plus respectueusement du monde, que le grand chancelier pourrait bien n'être qu'un malin, et le justicier de Dieu qu'un voleur ; et quand il va falloir placer au dernier rang pour la récompense ceux qu'on a placés en tête pour les horions, nous verrons ce qui se passera.

Enfin, c'était une idée qui ne manque pas de grandeur, au premier aspect surtout, de faire courir sa volonté non pas dans l'âme, mais dans les muscles de tout un peuple. Si bien qu'au premier roulement de tambours trois millions de jambes, sans compter les jambes des chevaux, se mettent en mouvement et portent au-devant des balles ennemies quinze cent mille poitrines dans lesquelles quinze cent mille cœurs battent en mesure pour la patrie—*für's Vaterland.* C'est une chose digne aussi d'admiration—à première vue toujours—que cette organisation militaire qui fait des soldats—du paysan et de l'homme de la ville, du célibataire et de l'homme marié, du vagabond et du père de famille, de l'ignorant et du lettré, du commerçant et du noble, du pauvre et du riche, de l'ouvrier et du savant, du manœuvre et du prince, de tous enfin, de sorte que ce qu'on a en face de soi sur le champ de bataille, ce n'est plus même, comme du temps de César, mille hommes par canton, mais les cantons tout entiers, autrement dit la patrie elle-même. Malheureusement cette organisation, admirable comme principe, comme théorie, comme menace, comme résultat même—nous l'avons vu à Sadowa, et nous l'avons vu à Reischoffen, à Wœrth, à Sédan, à Strasbourg, à Metz, admirable et invincible quand la guerre est de courte durée et ne demande que deux ou trois grands efforts—cette organisation est des plus funestes au pays qui l'emploie, quand la guerre se prolonge, comme il arrive aujourd'hui. Outre qu'à l'état de précaution simple, cette organisation commence par empêcher le développement du commerce, de l'industrie, des arts, en portant toute l'attention et en appliquant toutes les ressources du pays aux éventualités de la guerre, en subordonnant l'homme au soldat et l'individu au collectif; quand elle cesse d'être préventive pour devenir active, elle suspend, elle immobilise, elle détruit tout ce qui avait pu être tenté en civilisation pacifique. Il n'y a plus de bras pour la terre, il n'y en a plus pour l'atelier; les champs restent incultes, les manufactures restent vides; les mines restent noires et silencieuses, les affaires cessent, le crédit meurt, la vie quitte le centre du corps pour courir aux extrémités, au bout des pieds et au bout des mains, le dedans est dehors; il y a déplacement d'axe et rupture d'équilibre: si bien qu'une nation ainsi organisée est condamnée à la victoire perpétuelle. A chaque bataille nouvelle elle se joue tout entière; elle est éternellement dans les caissons de son artillerie et dans les fusils de ses soldats. Une défaite n'est pas pour elle—comme pour les autres pays qui conservent pendant la guerre toute leur vitalité intérieure—une défaite n'est pas pour elle un accident réparable avec les ressources de la paix, c'est plus qu'un malheur public, c'est plus qu'une calamité générale, c'est la ruine, c'est la mort du pays lui-même, c'est l'écroulement de tout son édifice matériel, politique, moral, social, religieux, c'est le doute, c'est la révolte, c'est l'imprécation, c'est la chûte immédiate de la nation vaincue au troisième rang des nations : c'est enfin le châtiment infaillible et mérité de ceux qui ont érigé la force brutale en principe définitif. C'est ainsi qu'ont péri tous les grands empires de l'antiquité et du moyen-âge qui ne reposaient que sur ce principe. Voilà dans quelles conditions se trouvera la Prusse le jour d'un désastre militaire, jour prochain peut-être, jour inévitable certainement.

Voyons maintenant ce que lui donne la victoire? Elle ne lui donne pas le quart de ce qu'elle donnerait à un autre peuple qui n'ayant envoyé qu'une partie de lui-même sur le champ de bataille, ne se fait, victoire ou défaite, qu'une blessure partielle, pour ainsi dire, qui ne compromet pas son économie générale. C'est ce qui force M. de Bismark aux exigences énormes dont il se défend de son mieux devant la civilisation, dans un langage souple et insaisissable, mais que lui impose la constitution organique de son pays. Ces gens-là ne peuvent pas être magnanimes et généreux. Ils n'en ont pas le moyen. S'ils ne rentraient qu'avec de la gloire pour leurs armes, pour leur influence, pour leur Dieu, ils seraient hués par les femmes et les enfants, auxquels il faut donner quelque chose de palpable et de réel en échange des époux et des pères que nous leur avons tués ; car, entre nous soit dit, nous leur en avons tué beaucoup, tout vaincus, tout légers, tout latins que nous sommes. N'oublions pas que chaque fois que nous tuons un

Allemand nous avons la chance, grâce à leur admirable organisation militaire, de tuer deux hommes, quelquefois trois. Nous tuons non-seulement le soldat qui défendait la patrie, mais le mari et le père, le fils qui faisait vivre sa famille, mais un artisan, un employé, un artiste, un savant, en tout cas une valeur quelconque, puisqu'il faut reconnaître que presque tous ces soldats sont relativement instruits et supérieurs aux nôtres sur ce point. Si ce vieux Roi qui veut être César pour son dernier soupir; si ce ministre qui ne peut mourir sans la plus grande des gloires ou la plus grande des hontes, et qui ne peut plus être que divinisé ou maudit; si M. de Moltke, avec son échiquier mathématique et sanglant; si le prince Frédéric-Charles avec ses petits livres de tactique et de stratégie; si le Prince-Royal avec son amour pour la paix, pour la lumière, et pour le bien, n'entrent pas à Paris et ne rapportent pas un butin énorme, s'ils ne nous arrachent pas deux ou trois provinces, s'ils ne ramènent pas chez eux nos troupeaux, nos grains, notre argent, nos bijoux, et un ou deux millions d'hommes nouveaux, parmi nos plus robustes et nos plus énergiques de l'Est, avec quoi voulez-vous qu'ils nourrissent, qu'ils consolent, qu'ils fécondent les vingt-cinq mille épouses sans maris, les cinquante mille mères sans enfants, les deux cent mille enfants sans pères que leur ont faits nos défaites? Il faut qu'ils puissent et se donner au moins pendant vingt ans le luxe de la paix et les apparences du repos pour refaire le sang que nous leur avons tiré, et pour engendrer ces hommes du nord à qui leur Dieu a promis le royaume de la terre.

En attendant, ils sont inquiets, ils commencent à regarder derrière eux, les hommes de la grande race, car ils sentent bien que cette paix leur sera interdite, et que le repos leur sera défendu, tout ce qu'ils avaient prévu ne s'étant pas réalisé, et ce qu'ils n'avaient pas prévu ayant eu lieu.

Sachez, d'abord, que ces hommes de tant de prévision ne comptaient que sur une guerre courte, très-courte. Ils pensaient naturellement ou—que la France serait battue, ou—qu'ils seraient battus eux-mêmes, mais cela très-vite, grâce au grands moyens de destruction que les deux nations avaient à leur service. La France vaincue en une ou deux rencontres sur son propre territoire, ils ne doutaient pas que l'Empereur ne fît la paix, puisqu'ils ne pouvaient supposer que celui-ci projeterait, dès qu'il verrait cette guerre tourner mal pour nous, de se faire prendre pour y mettre fin. Car, soyez bien convaincu, que ce n'est ni par accident, ni par maladresse, que l'Empereur a été pris, c'est avec préméditation. Ç'a été son dernier coup-d'état pour sauver la France, et pour arrêter le duel. Le Roi, qui avait déclaré n'en vouloir qu'à lui, a bien compris cette dernière ruse, et de là sa grosse colère en se voyant subitement placé en face d'une grande nation, quand il avait compté ne se trouver jamais qu'en face d'un petit homme, dont il connaissait l'esprit impressionable et flottant. Aussi, depuis Sédan, toute sa politique a-t-elle consisté à essayer de nous faire reprendre, sinon l'Empereur, au moins l'Empire sous forme de régence, et si l'Empereur a été trompé dans sa dernière combinaison par l'obstination du roi Guillaume, celui-ci a été encore plus trompé par l'évolution subite de la nation française. Il ne s'attendait pas à ce mépris unanime de la France pour toute la dynastie de la veille, et à ce soulèvement général contre toute tentative de restauration. C'est là que le roi

Guillaume et son ministre ont commencé à se sentir embarrassés. Et puis quel exemple pour la nation allemande que cet abandon spontané du chef de l'état! On peut donc se passer d'un roi! Aussi le ministre et le Roi qui auraient fait la paix après Sédan, s'ils avaient pu nous livrer de nouveau à l'Empereur vaincu et déshonoré, c'est-à-dire à la guerre civile et à tout ce qui s'en suit chez nous, ont-ils été forcés de continuer, de perdre encore des soldats, de faire encore des veuves, de ruiner encore plus leur peuple.

Si la France eût été victorieuse, la guerre eût cessé tout de suite, parce que la France n'aime pas la guerre, parce qu'elle n'en veut plus, parce qu'elle est riche, et n'a besoin que de conquêtes morales ; elle se fût vantée, elle se fût réjouie, elle eût illuminé, elle eût chanté, elle fût rentrée chez elle pour la réouverture des Italiens, et tout eût été dit. M. de Bismark le sait bien. Mais comme il faut tout prévoir, dans le cas où la France eût voulu continuer la guerre et la victoire, et faire acte de conquérante et d'envahisseuse, on eût tiré du portefeuille les traités secrets qu'on avait eu la précaution de faire avec l'Angleterre et la Russie, et l'on eût, en cas de résistance, passé de la coalition occulte à la coalition effective. Car, sachez bien encore que, si l'Europe s'est croisé les bras devant cette grande tuerie, c'est qu'elle s'était lié les mains avant. La coalition existe comme en 1792, mais secrète, et si nous eussions été vainqueurs et persévérants comme l'est la Prusse, vous auriez vu l'Europe se décroiser les bras, gesticuler pour l'Allemagne, prévoyante et vaincue, et nous imposer la modération.

Donc, dans les deux cas prévus par la politique de M. de Bismark, la guerre devait être courte, et voilà qu'elle est longue—autre déception pour lui ; c'est ce qui nous sauvera, au prix de sacrifices énormes, mais moins grands encore que ceux qui seront et qui, même à cette heure, sont imposés à la Prusse. Elle fait sauter nos ponts, elle coupe nos chemins de fer, elle incendie nos villages, elle foule notre sol, elle pille, elle saccage, mais elle se divise à mesure que nous nous concentrons ; mais elle devient odieuse à mesure que nous devenons sympathiques, mais elle se déshonore à mesure que nous nous ennoblissons, mais elle aggrave ses embarras intérieurs à mesure qu'elle nous délivre des nôtres, mais nous lui faisons autant de morts qu'elle nous fait de prisonniers qu'il faudra nous rendre un jour, et qui en attendant, portent chez elle les idées de la France, qui sont l'amour de la liberté, la haine de la guerre, et l'horreur des rois. Ce n'est pas tout. A côté de nos soldats vaincus par la faim et la trahison, mais sains et saufs, et qui sont déjà l'armée de l'avenir, les Allemands qui sont restés en Allemagne—les enfants, les vieillards, et les femmes—ne voient revenir les leurs que mutilés ou malades, et leur racontant ce qu'ils ont vu, ce qu'ont souffert ceux qui sont morts, ce que souffrent ceux qui survivent. Ils leur disent que la France se défend, que Paris, qui devait ouvrir ses portes, ne les ouvrira jamais ; que le Roi, qui devait bombarder Paris, ne le peut pas, ou ne l'ose pas ; qu'on meurt plus autour que dedans, qu'on les tue dans les ravins, derrière les arbres, comme des loups et des renards, qu'on les exècre, qu'on les méprise, enfin que les Français sont libres, tous égaux, que les chefs ne soufflètent ni ne bâtonnent les soldats, et que le plus obscur d'entre eux peut, s'il est brave, devenir chef à son tour. Pendant ce temps-là, le Roi écrit : " Envoyez-" moi des hommes," et encore, et encore, et toujours. Si vous n'avez plus d'hommes envoyez-moi les enfants, si vous n'avez plus d'enfants envoyez-moi les vieillards, et il dit aux princes dont il épuise les caisses et les cadres : " Pour vous récompenser, préparez-vous à venir à Ver- " sailles, me sacrer empereur d'Allemagne."

Et les mères et les veuves et les épouses et les fiancées à qui on a pris pour cette guerre insatiable, leurs fils, leur maris, leurs amants, s'écrient : " Sont-ce là " les succès faciles qu'on nous avait annoncés, sont-ce là " les victoires qu'on nous avait promises? Qu'est-ce " qu'on nous demanderait donc de plus, si nous étions " vaincus? S'il nous faut payer ainsi la victoire, combien " nous coûterait donc la défaite? Nous n'avons plus ni " travail, ni famille, ni amour, ni espérance, nous ne " savons même pas où sont les tombes de ceux que nous " aimions et que la chaux dévore pêle-mêle sous les " champs de batailles étrangers, quand les fleuves ne " les entraînent pas jusqu'à l'océan!"

Et toutes ces éplorées implorent la Reine qui montre son visage de Jésabel, luttant avec l'âge, et qui faussement émue, les yeux mouillés de deux larmes toujours prêtes, répond : " Je n'y puis rien, mesdames, c'est pour " la patrie—*für's Vaterland.*" Alors elles s'adressent à la Princesse-Royale qui, étant plus jeune, doit être plus compatissante, et qui leur répond avec une émotion véritable, car elle n'a rien de sa belle-mère : " Je n'y puis " rien, résignez-vous. Je suis loin de mon époux, moi " aussi, mais c'est pour votre patrie—*für's Vaterland.*"

Enfin, elles invoquent le Dieu qui a voulu, dit-on, toutes ces monstruosités pour qu'il y mette fin. Il ne leur répond pas du tout, lui, et quand elles demandent à ses ministres où il est, les ministres troublés leur disent : " Il n'est plus ici ; c'est le Roi qui l'a emporté.

“ Il combat avec lui ; mais soyez tranquilles, les races
“ du nord vaincront les races latines, et c'est pour la
“ patrie—*für's Vaterland.*”

Toutes ces femmes à qui on prend maintenant leurs pères, après leur avoir pris leurs maris, leurs frères, leurs fils, leurs fiancés, leurs amants, toutes ces femmes auxquelles on ne peut plus prendre que leurs cœurs et leurs entrailles, commencent à se demander si on a bien le droit de les éventrer ainsi, toutes femmes du nord qu'elles sont, au profit d'une ambition tardive et démesurée, cachée sous des mots d'un autre âge auxquels elles ne comprennent rien. Elles se demandent donc, si elles ont aimé, ont enfanté, si elles ont espéré, pour qu'on immole à l'entêtement d'un César attardé, leurs amours, leurs espérances, leur chair et leur sang ; elles se demandent si la première patrie de l'homme n'est pas sa femme, sa mère, son enfant, et elles commencent à envier le sort de ceux de leurs compatriotes qui, dédaignant cette grande patrie qui ne pouvait ni ne savait les nourrir et les abriter, ont dû aller chercher jusque dans l'Australie, le toit, le pain, le travail, la famille, c'est-à-dire la vraie patrie de l'homme, indépendante de telle ou telle latitude et de tel ou de tel terrain, et les voilà qui se disposent à élever tous les orphelins qui leur restent, non pas comme ont été élevés leurs pères, pour une politique qu'elles détestent déjà, dans la haine exploitable de la France, mais dans la haine religieuse de la guerre, de la guerre maudite, qui fait dans les poitrines des hommes les plus aimés des trous monstrueux, inconnus jusqu'alors, par où la vie s'échappe comme un torrent sans que rien puisse la retenir, et qui change les yeux des femmes en deux plaies rouges et sanglantes, dont elles meurent quelquefois, mais dont elles ne guérissent jamais !

Vous qui croyez encore à la guerre, craignez les femmes. Elles sont avec nous, avec les Latins qui ne veulent plus de la guerre. Elles ont décrété depuis cinq mois surtout, que la guerre est impie et qu'elle ne doit plus être. Elles ne veulent plus engendrer pour la mort. Elles vont s'entendre toutes entr'elles, par-dessus les ambitions et les politiques des rois et de leurs ministres, et elles vont faire avec leur cœur ce que les plus grands hommes n'ont pas pu faire avec leur esprit. Elles vont écraser la tête de ce serpent. Prenez garde; ce sont elles qui armeront le bras d'un frère ou d'un amant pour frapper les monarques trop ambitieux, et les diplomates trop rusés, avant qu'ils puissent accomplir leurs projets homicides; ce sont elles qui vont maintenant conspirer contre les trônes, et qui vont ouvrir les portes aux idées que nous allons semer dans le monde; car une fois cette hécatombe terminée, nous allons commencer contre vous une invasion bien autrement terrible que la vôtre; nous allons entrer chez vous sans espions, sans mitrailleuses, sans canon Krupp, sous la forme insaisissable de l'idée; nous serons assis à tous les foyers, nous serons mêlés à tous les entretiens, nous pénétrerons avec les rayons du soleil, et nous serons jusque dans les grains de poussière, au nom de la vérité, au nom de la liberté, au nom de l'amour; et puisque vous avez appris notre langue à vos enfants pour qu'ils puissent nous espionner et nous surprendre, nous en profiterons pour leur faire lire ce qu'ils doivent savoir, et pour leur apprendre comment les peuples se passent des rois. C'est alors que toutes les nations du globe partagé pacifiquement entre les peuples libres, dans une immense alliance des races, faites pour se fondre et non pour s'exterminer, c'est alors que toutes les nations du globe glorifieront la France dont Dieu aura fait la dernière victime de la guerre, pour qu'elle ait le droit d'être le premier apôtre de la paix.

Et je vois distinctement les choses, non plus seulement dans la logique et la justice de l'avenir, mais jusque dans les traits de ceux qui ne veulent pas qu'elles soient, parce que Dieu a marqué ceux qui se trompent et qui trompent, de certains signes pour qu'ils soient devinés par ceux qui voient et qui portent la vérité.

Et d'abord les barbares qui ont pénétré chez nous comme des loups en sortiront comme des lièvres ; on les verra fuir et jeter leurs armes comme ils ont fait à Jéna, à Lubeck, à Preuzlow, à Magdebourg. Ce sont toujours les mêmes hommes du Nord, fourbes dans la paix, insolents dans la victoire, lâches dans la défaite ; et l'édifice allemand s'écroulera avant d'être achevé, comme Babel, comme tout ce que l'orgueil humain a tenté contre le ciel, et Pélion roulera de nouveau sur Ossa. Et les divinités de l'ombre redescendront parmi les ombres. Et le ministre au regard froid, au sourire triste et méprisant, à la face impassible et fatale comme celle d'un fossoyeur, tombera le premier dans le grand trou qu'il aura creusé.

Et quand le prince Fritz voudra résister au courant, et dira : " Mais moi, Seigneur, j'ai toujours aimé la " paix," le Seigneur lui répondra : " J'ai déclaré coupa-" bles à l'égal de ceux qui font le mal, ceux qui le " laissent faire devant eux. Je t'avais fait beau et bon, " non pas seulement pour que tu pusses réparer les " crimes paternels, mais pour que tu pusses les empêcher. " Ton châtiment sera de mourir sans avoir fait le " bien."

Et le prince Fritz et ses enfants pleureront des larmes rouges.

Et le Dieu qui parlera ainsi sera le vrai Dieu, et l'on verra se sauver devant lui les dieux des conquérants et des barbares, des hommes du nord.

Et tous les trônes s'effondreront comme si la terre tremblait sous eux, et les couronnes rouleront jusque dans la mer.

Et les rois pousseront de grands cris en s'enfuyant du côté du pôle.

Et il n'y aura plus la France, et puis l'Angleterre, et puis l'Allemagne, et puis la Russie, et puis ce peuple, et puis cet autre, il n'y aura plus qu'une famille, qui sera le genre humain ; il n'y aura plus qu'un but, qui sera la vérité, il n'y aura plus qu'un maître, qui sera l'amour, il n'y aura plus qu'un besoin, qui sera l'harmonie, il n'y aura plus qu'un moyen, qui sera le travail, il n'y aura plus qu'une loi, qui sera la justice.

Et ces choses s'accompliront pour les trois quarts avant la fin de ce siècle, et pour le dernier quart dans la première moitié de l'autre.

JUNIUS.

20 *Décembre* 1870.

ERRATA.

Page 18, ligne 6, au lieu de "*en vertu de cet axiome de chimie: Les acides ne se mêlent pas aux flegmes,*" lisez "*en vertu de cet axiome d'alchimie: Les essences ne se mêlent pas aux flegmes.*"

Page 40, ligne 32, au lieu de "*morituri,*" lisez "*mortui.*"

www.ingramcontent.com/pod-product-compliance
Ingram Content Group UK Ltd.
Pitfield, Milton Keynes, MK11 3LW, UK
UKHW020328250726
13967UKWH00004B/1925